HARALD SCHWARTZ

Gewährung und Gewährleistung des rechtlichen Gehörs
durch einzelne Vorschriften der Zivilprozeßordnung

Schriften zum Prozessrecht

Band 50

Gewährung und Gewährleistung des rechtlichen Gehörs durch einzelne Vorschriften der Zivilprozeßordnung

Von

Dr. Harald Schwartz

DUNCKER & HUMBLOT / BERLIN

CIP-Kurztitelaufnahme der Deutschen Bibliothek

Schwartz, Harald
Gewährung und Gewährleistung des rechtlichen Gehörs durch einzelne Vorschriften der Zivilprozeßordnung. — 1. Aufl. — Berlin: Duncker und Humblot, 1977.
   (Schriften zum Prozeßrecht; Bd. 50)
   ISBN 3-428-03828-2

Alle Rechte vorbehalten
© 1977 Duncker & Humblot, Berlin 41
Gedruckt 1977 bei Buchdruckerei Bruno Luck, Berlin 65
Printed in Germany
ISBN 3 428 03828 2

Vorwort

Die vorliegende Schrift ist die überarbeitete Fassung meiner Dissertation, die der Fachbereich Rechtswissenschaft der Universität Hamburg im November 1975 angenommen hat.

Mein hochverehrter Lehrer, Herr Professor Dr. Karl August Bettermann, gab mir die Anregung zu einer Untersuchung des Verhältnisses zwischen Art. 103 Abs. 1 GG und der Zivilprozeßordnung. Er förderte die Entwicklung der Arbeit nachhaltig durch Rat und Kritik. Dafür bleibe ich ihm zu aufrichtigem Dank verpflichtet. Auch dem Zweitreferenten, Herrn Professor Dr. Albrecht Zeuner, bin ich zu Dank verbunden.

Herrn Ministerialrat a. D. Professor Dr. Johannes Broermann danke ich für die Aufnahme der Arbeit in die Reihe der „Schriften zum Prozeßrecht".

Hamburg, im August 1976

Harald Schwartz

Inhaltsverzeichnis

Einleitung 9

Teil I

Das Recht auf Gehör

A. Das zivilprozessuale Recht 10
B. Der verfassungsrechtliche Anspruch 11
   1. Die Grundlage 11
   2. Die Funktion 13
   3. Die Einschränkungen 15
C. Der Inhalt des rechtlichen Gehörs 18
   1. Das Recht zur Äußerung zu Tatsachen und Beweisergebnissen 18
   2. Das Recht zur Äußerung zu Rechtsfragen 18
   3. Die Pflichten des Gerichts 19
D. Das Ziel der Untersuchung 20

Teil II

Gewährung und Gewährleistung durch die Zivilprozeßordnung

A. Die Antragstellung 22
B. Die allgemeinen Vorschriften und das Verfahren im ersten Rechtszuge 23
   1. Der Grundsatz der Waffengleichheit 23
   2. Der Grundsatz kontradiktorischer Verhandlung 25
      a) Das kontradiktorische Verfahren 25
      b) Das Versäumnisverfahren 27
   3. Der Verhandlungsgrundsatz und der Untersuchungsgrundsatz .. 28
   4. Der Grundsatz der Mündlichkeit 33
      a) Die obligatorisch mündliche Verhandlung 33
      b) Die Ausgestaltung der mündlichen Verhandlung 34
      c) Das schriftliche Verfahren 36
      d) Die fakultativ mündliche Verhandlung 37
   5. Der Grundsatz von der Einheit der mündlichen Verhandlung .. 38
   6. Der Konzentrationsgrundsatz 39
   7. Der Grundsatz der sog. Parteiöffentlichkeit 42

Literaturverzeichnis

- 8. Die Selbstablehnung des Richters 43
- 9. Der Anwaltszwang 46
- 10. Das Armenrecht 47
  - a) Das Armenrecht für den Kläger 48
  - b) Das Armenrecht für den Beklagten 50
  - c) Das Armenrechtsbewilligungsverfahren 51
- 11. Die richterliche Hinweispflicht 55
- 12. Das Rechtsgespräch 57
- 13. Die Anordnung persönlichen Erscheinens 62
- 14. Die Wiedereröffnung der Verhandlung 62
- 15. Die Untersagung weiteren Vortrags 63
- 16. Die Zustellung und die öffentliche Zustellung ... 64
- 17. Die Fristen 67
- 18. Die Wiedereinsetzung in den vorigen Stand 70
- 19. Die Klageänderung und die Klagerücknahme 71
- 20. Die Beweisaufnahme 72
  - a) Die Änderung des Beweisbeschlusses 73
  - b) Die nachträgliche Beweisaufnahme 73
  - c) Der Übergang zu mündlicher Verhandlung 73
  - d) Die Beweisaufnahme im Bereich des Untersuchungsgrundsatzes 74
- 21. Die Beteiligung Dritter am Rechtsstreit 75
  - a) Die Nebenintervention 75
  - b) Die streitgenössische Nebenintervention 76
  - c) Die Streitverkündung 79
  - d) Die Beiladung 79

C. Die Rechtsmittel 79
  1. Die Berufung 80
  2. Die Revision 81
  3. Die Beschwerde 81

D. Die Nichtigkeitsklage gegen ein Schiedsurteil 83

E. Das Mahnverfahren 84

F. Arrest und einstweilige Verfügung 85

Teil III

Zusammenfassung 87

Literaturverzeichnis 90

Einleitung

Die Bestimmung des Art. 103 Abs. 1 GG: „Vor Gericht hat jedermann Anspruch auf rechtliches Gehör" findet vielfältigen Niederschlag in den einzelnen Verfahrensordnungen.

Für den Strafprozeß ordnet § 33 Abs. 1 StPO an:

„Eine Entscheidung des Gerichts, die im Laufe einer Hauptverhandlung ergeht, wird nach Anhörung der Beteiligten erlassen."

Ähnlich formuliert § 62 SGG:

„Vor jeder Entscheidung ist den Beteiligten rechtliches Gehör zu gewähren; die Anhörung kann schriftlich geschehen."

Übereinstimmend schreiben § 108 Abs. 2 VwGO, § 96 Abs. 2 FGO und § 128 Abs. 2 SGG vor:

„Das Urteil darf nur auf Tatsachen und Beweisergebnisse gestützt werden, zu denen die Beteiligten sich äußern konnten."

Die Zivilprozeßordnung enthält keine vergleichbare Vorschrift. Das Fehlen jeder grundsätzlichen Aussage zugunsten des rechtlichen Gehörs gab Anlaß zu der Untersuchung, ob und in welchem Umfange die Zivilprozeßordnung dem Art. 103 Abs. 1 GG genügt.

Teil I

Das Recht auf Gehör

A. Das zivilprozessuale Recht

Das Recht beider Parteien auf Gehör im Prozeß war seit jeher bekannt und anerkannt als ein dem Gebot der Gerechtigkeit, der Richtigkeit der Entscheidung dienendes Prinzip[1].

Obwohl der Gesetzgeber von 1877 auf eine Generalnorm verzichtet hatte, bestanden zu keinem Zeitpunkt Zweifel daran, daß dieser Grundsatz auch im Zivilprozeß galt. Anhaltspunkte hierfür geben vereinzelte Vorschriften der Zivilprozeßordnung. Sie spricht in § 579 Abs. 3 einerseits und in den §§ 1041 Abs. 1 Nr. 4, 1044 Abs. 2 Nr. 4 andererseits ausdrücklich vom „rechtlichen Gehör" und knüpft jeweils an die Nichtgewährung spezielle Rechtsfolgen. Bezeichnenderweise betreffen beide Ausnahmen nicht den regulären Zivilprozeß, sondern solche besonderen Verfahren, in denen die Gewährung rechtlichen Gehörs nicht selbstverständlich ist. Für das Schiedsurteilsverfahren folgt dies aus § 510 c Abs. 1, wonach das Gericht sein Verfahren „nach freiem Ermessen" bestimmt. Entsprechende Bedenken gegenüber dem schiedsrichterlichen Verfahren ergeben sich aus dessen privater Rechtsnatur. In Frage gestellt wurde das Parteigehör auch durch den in Statusverfahren geltenden Untersuchungsgrundsatz. Hier hielt der Gesetzgeber ebenfalls eine Sonderregelung für erforderlich: §§ 622 Abs. 1, 640 Abs. 1, 670 Abs. 1.

Bereits die genannten Beispiele verdeutlichen, daß besondere Anhörungsvorschriften nur dort für notwendig gehalten wurden, wo ohne sie die Gewährleistung des Gehörs fraglich erschien. Die Zivilprozeßordnung setzt also den Verfahrensgrundsatz des rechtlichen Gehörs als selbstverständlich voraus. Sein Umfang ergibt sich aus der Summe der dem Gehör dienenden und es im einzelnen ausgestaltenden Vorschriften. Eine Versagung des Gehörs ist stets im Zusammenhang mit der Verletzung bestimmter Vorschriften zu rügen, so daß von einem selbständig realisierbaren „Anspruch" auf Gehör nicht gesprochen werden kann.

---

[1] *Hellwig* S. 408; *Prager* AcP 133, 143; *Löwe* S. 1 ff., 28 ff. m. w. N.

Als ein Verfahrensgrundsatz unter anderen kann das zivilprozessuale Recht auf Gehör uneingeschränkte Geltung nicht beanspruchen. In einzelnen Vorschriften — §§ 48 Abs. 2, 226 Abs. 3, 834 — verbietet das Gesetz sogar ausdrücklich die Anhörung einer oder beider Parteien. Derartige Ausnahmen deuten an, daß die Zivilprozeßordnung das Recht auf Gehör von vornherein unter dem Vorbehalt entgegenstehender Zwecke und Interessen ausgestaltete. Der Frage, inwieweit diese Einschränkungen einer verfassungsrechtlichen Prüfung standhalten, wird besonderes Gewicht zukommen.

B. Der verfassungsrechtliche Anspruch

Mit der verfassungsrechtlichen Sicherung des rechtlichen Gehörs verfolgte der Gesetzgeber erklärtermaßen[1] nicht eine inhaltliche Änderung des Grundsatzes, sondern allein die Gewährleistung höchstrangigen Schutzes. Dementsprechend hob Art. 103 Abs. 1 GG das Recht auf Gehör zwar auf eine neue Ebene, ließ es aber in mancher Hinsicht unverändert.

1. Die Grundlage

Die Ausstattung mit Verfassungsrang blieb ohne Einfluß auf die Grundlage des Gehörprinzips.

Das Recht auf Gehör folgt nach überkommener und zutreffender Auffassung aus dem Gebot der richtigen und gerechten Entscheidung[2]. Ziel des Urteils ist die Verwirklichung der materialen Gerechtigkeit durch richtige Rechtsanwendung auf wahre Sachverhalte. Wahrheit — und damit, soweit entscheidungserheblich, auch Vollständigkeit — des Sachverhalts kann aber nur unter Anhörung aller Verfahrensbeteiligten erreicht werden. Anhörungen dieser Art ließen sich zunächst denken im Rahmen einer bloßen Sachverhaltsermittlung durch gerichtliche Befragung der Beteiligten. Eine Beschränkung der Wahrheitsfindung auf die gerichtliche Aktivität wäre jedoch nicht geeignet, Unvollständigkeit, Irrtum und andere aus der richterlichen Unvollkommenheit resultierende Fehlerquellen[3] auszuschließen. Vielmehr kann jedes weitere oder klarstellende Parteivorbringen das Gericht der Wahrheit näher bringen und damit die Richtigkeit der Entscheidung fördern. Aus diesem Grunde ist es geboten, den Beteiligten die Gelegenheit zur Stellungnahme zu gewähren. Das „rechtliche Gehör" im

---

[1] Bericht über den Verfassungskonvent auf Herrenchiemsee vom 10. bis 23. August 1948, herausgegeben vom Verfassungsausschuß der Ministerpräsidenten-Konferenz der westlichen Besatzungszonen, S. 94.
[2] *Hellwig* S. 408; *Prager* AcP 133, 143; *Blomeyer* § 16 I; *Bernhardt* § 23 IV; *Löwe* S. 1 ff., 28 ff.; *Dahs* S. 2; *Ule* DVBl 1959, 541 f.
[3] *Kollhosser* S. 93.

Sinne des Art. 103 Abs. 1 GG stellt sich insoweit als ein objektiver Verfahrensgrundsatz dar, der der Richtigkeit und Gerechtigkeit der Entscheidung dient und daher im Rechtsstaatsprinzip wurzelt. Indem Art. 103 Abs. 1 GG „jedermann" einen „Anspruch" auf rechtliches Gehör zuerkennt, fügt er dem Gehör die subjektive Komponente eines verfassungsbeschwerdefähigen Grundrechts hinzu.

Der objektiv-rechtliche Ursprung des Art. 103 Abs. 1 GG wird geleugnet von einer vordringenden Ansicht[4], die den Anspruch auf Gehör (auch) als eine Forderung der Würde des Menschen versteht. Nach dieser vom Bundesverfassungsgericht[5] begründeten Auffassung gebietet die Würde der Person, daß über ihr Recht nicht kurzerhand von Obrigkeits wegen verfügt wird; der einzelne soll nicht Objekt der richterlichen Entscheidung sein, sondern vor einer Entscheidung, die seine Rechte betrifft, zu Worte kommen, um Einfluß auf das Verfahren und sein Ergebnis nehmen zu können.

Diese Argumentation vermag nicht zu überzeugen. Zunächst fällt auf, daß namentlich das Bundesverfassungsgericht sich erst in zweiter Linie — über den „Rechtsstaatsgedanken" hinaus — auf die Menschenwürde beruft, insoweit aber jeden Bezug auf Art. 1 Abs. 1 GG vermeidet. Ferner ist festzustellen, daß das Gericht aus dem Rückgriff auf die Menschenwürde bislang keinerlei Konsequenzen gezogen hat. Selbst nach Prüfung der „rechtsstaatlichen Forderung hinsichtlich des rechtlichen Gehörs" und der Verneinung eines Verfassungsverstoßes im konkreten Fall sah das Gericht sich nicht veranlaßt, eine Verletzung der Menschenwürde — die nach seiner Auffassung nahe gelegen hätte — in Betracht zu ziehen[6].

Wenngleich es hiernach scheinen mag, als halte das Bundesverfassungsgericht die Inanspruchnahme der Menschenwürde letztlich doch für entbehrlich, so darf diese Inkonsequenz nicht darüber täuschen, daß eine solche Begründung des Rechts auf Gehör zu unhaltbaren Ergebnissen führt. Die Berufung auf die Menschenwürde erklärt das rechtliche Gehör zum Bestandteil des höchsten denkbaren Rechtsgutes. Als Leitprinzip des Grundgesetzes nimmt die Menschenwürde ausdrücklich überstaatlichen Rang ein (Art. 1 Abs. 1 Satz 2 GG), ist also jeder staatlichen Disposition entzogen (Art. 1 Abs. 1 Satz 1, Art. 79 Abs. 3 GG). Damit unvereinbar sind die — vom Bundesverfassungsgericht selbst — anerkannten Ausnahmen und Einschränkungen des

---

[4] BVerfGE 7, 53 (58); 7, 275 (279); 9, 89 (95); BayVerfGH DÖV 1963, 583; *Maunz - Dürig* Art. 103 RZ 5, 6; *Kollhosser* S. 91; *Kurth* S. 46 ff.; *Arndt* NJW 1959, 6 und 1298; *Hamann* AnwBl. 1958, 141; *Brüggemann* JR 1969, 367; *Röhl* NJW 1958, 1268; *von Winterfeld* NJW 1961, 851; *Zeuner* S. 1015 f.

[5] E 7, 53 (58); 9, 89 (95).

[6] BVerfGE 9, 89 (94 ff.).

rechtlichen Gehörs, namentlich im Bereich der summarischen Verfahren[7].

Würde die Nichtanhörung der Beteiligten deren Menschenwürde verletzen, dann müßte jede so ergangene — insbesondere auch jede richtige — Entscheidung aufgehoben werden und jede hierauf gestützte Verfassungsbeschwerde erfolgreich sein — ganz unabhängig von der vom Bundesverfassungsgericht stets geprüften Frage, ob die angefochtene Entscheidung auf der Verletzung des Art. 103 Abs. 1 GG „beruht"[8].

Die Ableitung aus der Menschenwürde begegnet ferner der Gefahr, die Zielrichtung des Art. 103 Abs. 1 GG zu mißdeuten. Mit dem Bekenntnis zum Wert der Menschenwürde und der Ausgestaltung ihres Schutzes im einzelnen (Art. 2, 4 ff. GG) gewährt das Grundgesetz einen Bereich der Freiheit vor staatlichem Eingriff. Anders als die Freiheitsgrundrechte dient das Grundrecht auf Gehör nicht der Abwehr, sondern gewährt einen Anspruch auf staatliche Tätigkeit, auf Anhörung und Erwägung parteilicher Stellungnahmen durch das Gericht. Nichts anderes gilt, wenn man aus der Sicht der Beteiligten dem rechtlichen Gehör eine Unrechtsabwehrtendenz beimißt[9]. Gewiß verfolgt Art. 103 Abs. 1 GG auch diese Tendenz, sie ist jedoch nur Nebenwirkung des Vornahmerechts.

Im Ergebnis ist festzustellen: Das Grundrecht auf Gehör gewährt nicht Freiheit vom Staat, sondern die Beteiligung am Verfahren; es beruht nicht auf der Menschenwürde, sondern auf der Forderung nach Richtigkeit und Gerechtigkeit und damit auf dem Rechtsstaatsprinzip. Art. 103 Abs. 1 GG ist somit in jeder Hinsicht ein Verfahrensgrundrecht.

2. Die Funktion

Da Art. 103 Abs. 1 GG nach dem Willen des Verfassungsgebers dem erhöhten Schutz des Gehörs diente, bestimmte man zunächst den Normbereich nach der verfahrensrechtlichen Ausprägung des Gehörgrundsatzes[1]. Prozessuales Recht und verfassungsrechtlicher Anspruch deckten sich hiernach vollkommen. Diese Auffassung orientierte sich allein an der Bewehrung des rechtlichen Gehörs mit der Verfassungsbeschwerde. Nicht erkannt wurde, daß die Grundrechtsqualität des Art. 103 Abs. 1 GG es untersagt, den Umfang des Gehörs zur Disposition des einfachen Gesetzgebers zu stellen.

---

[7] BVerfGE 9, 89 (94 ff.); 17, 139 (143).

[8] BVerfG in ständiger Rechtsprechung seit E 7, 239 (241); zuletzt E 40, 182 (184).

[9] *Baur* AcP 153, 402; hierzu *Kollhosser* S. 92 f.

[1] BayVerfGH 4, 21.

Dennoch zeigt sich in diesem Verständnis ein zutreffender Ansatz. Art. 103 Abs. 1 GG zielte nicht auf eine Neuschöpfung des Gehörprinzips und nicht auf Neuregelung der Verfahrensordnungen. Zu derart umfassender Änderung wäre die Vorschrift auch schwerlich geeignet. Der verfassungsrechtliche Anspruch beruht vielmehr in der Tat auf der Ausgestaltung des rechtlichen Gehörs in den einzelnen Verfahrensordnungen, auf dem „vorverfassungsrechtlichen Gesamtbild des Prozeßrechts"[2]. In dieser Hinsicht umfaßt der Anwendungsbereich des Art. 103 Abs. 1 GG alle Gehör gewährenden und dem Gehör dienenden Vorschriften. Sie alle sind Ausdruck des Grundrechts, indem sie dem Anspruch auf Gehör zur Erfüllung verhelfen.

Innerhalb dieses weiten, vom einfachen Gesetzgeber zu bestimmenden Rahmens entfaltet das Grundrecht seine eigentliche Schutzfunktion durch Gewährleistung einer prinzipiellen und gesetzesfesten Geltung des Rechts auf Gehör. Art. 103 Abs. 1 GG garantiert insoweit einen absoluten, unantastbaren Kernbereich rechtlichen Gehörs, der auch als „Minimum"[3], als „Konzentrat"[4] und als „Zuweisungsfunktion"[5] bezeichnet worden ist. Diese Funktion findet eine Entsprechung in der Garantie des Wesensgehalts der Freiheitsrechte: Wie Art. 19 Abs. 2 GG einen Kernbereich der Freiheit verbürgt, so Art. 103 Abs. 1 GG einen Kernbereich rechtlichen Gehörs.

Dieser Bereich der *Gewährleistung* läßt sich somit bezeichnen und beschränken durch die Forderung, im konkreten Verfahren müsse überhaupt rechtliches Gehör gewährt werden. Weitergehende Fragen nach der Art und Weise der *Gewährung* des Gehörs betreffen den Randbereich des Grundrechts und stehen zur Disposition des einfachen Gesetzgebers. Er ist durch Art. 103 Abs. 1 GG nicht daran gehindert, Anhörungsvorschriften zu erlassen, zu ändern oder aufzuheben, solange die Prozeßordnung für die konkrete Verfahrensart mindestens eine generell Gehör gewährende Vorschrift beibehält. Besteht aber nur eine einzige die Anhörung vorschreibende Norm, so ist diese dem Kernbereich zuzurechnen und jeder Disposition entzogen.

Bietet das Verfahrensgesetz keine ausreichende Sicherung des Gehörs, sondern mehrdeutige Regelungen, so hat die Grundsatzgarantie des Art. 103 Abs. 1 GG als Maßstab für die Auslegung zu gelten. Fehlt überhaupt eine Anhörungsvorschrift, so gewinnt Art. 103 Abs. 1 GG unmittelbare Geltung im Verfahrensrecht[6].

---

[2] BVerGE 9, 89 (96); vgl. auch *Kollhosser* S. 81 f.
[3] BVerfGE 7, 53; 21, 132 (137); *Maunz - Dürig* Art. 103 RZ 20.
[4] *Lerche* ZZP 78, 11 (FN 20).
[5] *Kollhosser* S. 85 ff.
[6] Das traf nach Ansicht des Bundesverfassungsgerichts bisher zu für das Beschwerdeverfahren: BVerfGE 6, 12 (14); 7, 95 (98); 19, 49 (51); 30, 406 (408);

B. Der verfassungsrechtliche Anspruch

Gewährt schließlich die Verfahrensordnung dem Gericht einen Ermessensspielraum hinsichtlich der Anhörung einzelner Beteiligter, so ist entsprechend zu differenzieren: Unbedenklich kann die Art der Gehörgewährung in das Ermessen gestellt werden. Besteht Ermessen in der Frage, ob Gehör gewährt werden soll, so ist wiederum der Kernbereich des Grundrechts berührt, Art. 103 Abs. 1 GG zwingt zur Anhörung.

3. Die Einschränkungen

Da Art. 103 Abs. 1 GG einerseits auf der keineswegs ausnahmslosen Gewährung rechtlichen Gehörs durch die einzelnen Verfahrensordnungen beruht, andererseits aber einen Kernbereich dieses Anspruchs garantiert, stellt sich die Frage, unter welchen Voraussetzungen eine Einschränkung des Grundrechts auf Gehör in Betracht kommen kann. Diese Frage ist heftig umstritten, da Art. 103 Abs. 1 GG Beschränkungen nicht ausdrücklich regelt.

Nicht vertretbar ist allerdings die Ansicht Hamanns[1] und Kolbs[2], es bestünde keine Notwendigkeit, Ausnahmen oder Eingrenzungen des Anspruchs auf Gehör anzuerkennen, vielmehr werde regelmäßig nur der Zeitpunkt der Anspruchserfüllung hinausgeschoben. Diese Auffassung beschränkt sich zu einseitig auf die summarischen Verfahren und übersieht ferner, daß auch in diesen Fällen eine Entscheidung ohne Gehör ergeht, der Anspruch also ausgeschlossen wird.

Das Bundesverfassungsgericht[3] rechtfertigt Einschränkungen allein historisch: Es könne nicht Sinn des Art. 103 Abs. 1 GG gewesen sein, sorgfältig überlegte Abwägungen zwischen den verschiedenen, in den einzelnen Verfahrensarten zu berücksichtigenden Interessen und darauf beruhende Einschränkungen des rechtlichen Gehörs schlechthin zu beseitigen. Insoweit könne die Sicherung gefährdeter Interessen eine Anhörung ausschließen, wenn dies unabweisbar sei, um den Zweck der Maßnahme nicht zu gefährden. Diese Begründung vermag jedoch in keiner Hinsicht zu überzeugen. Die Anknüpfung an die vorkonstitutionelle Ausgestaltung der Prozeßgesetze läßt zunächst die Frage unbeantwortet, in welchem Maße der Bundesgesetzgeber zu einschränkender Regelung befugt sein soll. Zudem läßt das Gericht einen verfassungsrechtlichen Ansatz vermissen für die Lösung des eigent-

---

für die Richterablehnung nach § 49 ArbGG: BVerfGE 24, 56 (62); für das Armenrechtsverfahren: BVerfGE 20, 280 (282); für die Wiedereinsetzung: BVerfGE 8, 253 (255). Vgl. ferner BVerfGE 9, 89 (96); 17, 356 (361); 21, 132 (137).
[1] Anw.Bl. 1958, 146 FN 28.
[2] S. 66 f.
[3] E 9, 89 (95 ff.); ihm folgend: *Maunz - Dürig* Art. 103 RZ 44; *Lesser* DRiZ 1960, 420; *v. Winterfeld* NJW 1961, 851.

lichen Problems bestehender und künftiger Ausnahmen: ihrer Vereinbarkeit mit dem gesetzesfesten Bereich des Grundrechts.

Gleiches gilt für diejenigen Ansichten, die Einschränkungskriterien aus einer konkreteren verfahrensrechtlichen Sicht zu gewinnen suchen und Ausnahmen vom Gehör für zulässig halten bei Vorläufigkeit[4] und Eilbedürftigkeit[5] gewisser Entscheidungen sowie bei nachträglicher Rechtsbehelfsgewährung[6].

Hamann[7] hält in Anlehnung an die Rechtsprechung des Bundesverfassungsgerichts zu Art. 12 GG[8] das Grundrecht auf Gehör — wenigstens prinzipiell — insoweit für einschränkbar, als „überragende Gemeinschaftsgüter" dies erforderten. Da *Hamann* jedoch den Zeitpunkt der Gehörgewährung für aufschiebbar hält[9], verneint er „zumindest praktisch" das Eingreifen derartiger Schranken. Gegen die Übertragung der zu Art. 12 GG entwickelten Schranken bestehen jedoch vor allem prinzipielle Bedenken. Zutreffend haben *Maunz - Dürig*[10] darauf hingewiesen, daß gerade die entscheidenden Besonderheiten des Art. 12 GG — die Zusammengehörigkeit der Grundrechte auf Berufswahl und Berufsausübung und die daraus gefolgerte Rückwirkung des Regelungsvorbehalts des einen auf das andere Grundrecht — in Art. 103 Abs. 1 GG keine Entsprechung finden. Einer derartigen Parallele bedürfte es aber, denn die speziell für Art. 12 GG erarbeiteten Vorbehalte sind grundsätzlich keiner Generalisierung fähig.

Aus der Rechtsprechung des Bundesverfassungsgerichts versucht auch *Stehmann*[11] Anhaltspunkte für eine Einschränkung des Art. 103 Abs. 1 GG zu gewinnen. Er bezieht sich auf eine das Grundrecht aus Art. 4 Abs. 3 GG betreffende Entscheidung[12], in der das Gericht festgestellt hatte, nur kollidierende Grundrechte Dritter und andere mit Verfassungsrang ausgestattete Rechtswerte seien mit Rücksicht auf die Einheit der Verfassung und die von ihr geschützte gesamte Wertordnung ausnahmsweise imstande, auch uneinschränkbare Grundrechte in einzelnen Beziehungen zu begrenzen. *Stehmann* wendet diese Kriterien auf Art. 103 Abs. 1 GG an. Als kollidierenden Rechtswert im Verfassungsrang zieht er das Recht auf gerichtlichen Rechtsschutz in

---

[4] *Baur* AcP 153, 404 f.; *Röhl* NJW 1968, 1271.
[5] *Maunz - Dürig* Art. 103 RZ 46 mit Hinweis auf Art. 104 GG; *Rosenberg - Schwab* § 85 VI; *Blomeyer* § 16 III; *Kurth* S. 60 f.
[6] *Rosenberg - Schwab* § 85 VI; *Blomeyer* § 16 III; *Grunsky* § 25 III 1.
[7] AnwBl. 1958, 142 f.
[8] BVerfGE 7, 377 (400 ff.).
[9] s. oben bei Fußnote 1.
[10] Art. 103 RZ 44 FN 1.
[11] S. 26 ff.
[12] BVerfGE 28, 243 (260).

B. Der verfassungsrechtliche Anspruch

Betracht. Wo dieses überwiege, habe der Anspruch auf Gehör im erforderlichen Maß zurückzutreten. Auch dieser Weg erweist sich jedoch als nicht gangbar. *Stehmann* übersieht, daß die Bestimmung des Inhalts eines Grundrechts jeder Erwägung seiner Einschränkung durch andere Normen und Werte voranzugehen hat. Art. 103 Abs. 1 GG läßt keinen Raum für die Anwendung der sog. verfassungsimmanenten Schranken.

Die auf dem Aspekt der Einheit der Verfassung beruhende Lehre von der Begrenzung der Grundrechte durch andere Verfassungsnormen oder -werte gewinnt ihre Bedeutung dort, wo es gilt, die Grenzen eines seinen Schutzbereich unbedingt und unabdingbar gewährleistenden und überdies vorbehaltlosen, vom Gesetzgeber nicht einschränkbaren Grundrechts zu bestimmen. Um Grundrechte, die nach ihrem Wortlaut weder vom Verfassungsgeber begrenzt noch vom einfachen Gesetzgeber einschränkbar sind, handelt es sich sowohl bei Art. 4 Abs. 3 GG als auch bei Art. 103 Abs. 1 GG. Entscheidende Abweichungen ergeben sich jedoch hinsichtlich der Gewährleistung des Norm- oder Schutzbereichs. Das genannte Freiheitsgrundrecht dient ausschließlich der Realisierung der Menschenwürde. Die unmittelbare Verknüpfung mit diesem obersten, unantastbaren Wert verbietet von vornherein jede einengende Interpretation des gewährleisteten Schutzbereichs.

Entsprechendes gilt jedoch nicht für Art. 103 Abs. 1 GG. Das Verfahrensgrundrecht auf Gehör findet seine Rechtfertigung nicht in der Würde der Person, sondern allein in dem rechtsstaatlichen Gebot der richtigen Entscheidung. Bereits von seiner Grundlage her kann daher Art. 103 Abs. 1 GG einen ausnahmslosen Anspruch auf Gehör nicht garantieren. Wird Gehör um der Gerechtigkeit Willen gewährt, so folgt daraus, daß auch der Normbereich des Art. 103 Abs. 1 GG nur soweit reicht, als das rechtliche Gehör der Verwirklichung der Gerechtigkeit dient, aber dort Schutz versagt, wo die Durchsetzung des Anspruchs eine gerechte Entscheidung gerade verhindert. Dies kann denkbarerweise dann in Betracht kommen, wenn die Anhörung der einen Partei überwiegende Rechtsschutzinteressen ihres Gegners gefährdet. In diesem Fall besteht kein Anspruch auf Gehör, der nichtgehörten Partei ist die Berufung auf Art. 103 Abs. 1 GG versagt. Ergibt die erforderliche Abwägung im konkreten Fall ein Überwiegen der Gegeninteressen, so fordert die Grundrechtsqualität des unterlegenen Anspruchs auf Gehör seine Zurückdrängung im geringstmöglichen Maß, mithin nur soweit, als der Zweck der gegnerischen Interessen es erfordert. Demgemäß sind Maßnahmen ohne Gehör nach Möglichkeit nur vorläufig zu treffen. Sobald eine Gefährdung nicht mehr besteht, ist ferner die Gelegenheit zur Nachholung des Gehörs zu bieten.

C. Der Inhalt des rechtlichen Gehörs

1. Das Recht zur Äußerung zu Tatsachen und Beweisergebnissen

Der Anspruch auf rechtliches Gehör bezieht sich in erster Linie auf den streitigen Sachverhalt: Jede Partei muß Gelegenheit erhalten, sich zu dem entscheidungserheblichen Sachverhalt vor Erlaß der Entscheidung zu äußern[1]. Nach dem Verhandlungsgrundsatz muß sie selbst Tatsachen und Beweismittel in das Verfahren einführen. Weiterhin muß sie zu allen Tatsachenbehauptungen und Beweisantritten des Gegners sowie zum Ergebnis jeder Beweisaufnahme Stellung nehmen können. Diese umfassende Gewährleistung folgt aus dem Ziel des Anspruchs: Die Partei soll die Richtigkeit der Entscheidung fördern. Aus diesem Grunde soll sie vor Erlaß einer Entscheidung, die ihre Rechte betrifft — sie also beschweren kann — zu Worte kommen, um Einfluß auf das Verfahren und sein Ergebnis nehmen zu können[2].

Hervorzuheben ist, daß nicht die tatsächliche Stellungnahme verlangt wird. Dem Anspruch auf Gehör ist genügt, wenn die Partei die Möglichkeit zur Äußerung hatte[3].

Jedoch kann die Partei nicht beanspruchen, mit jedem Vorbringen gehört zu werden. Eine Gelegenheit zur Anhörung muß ihr allein in den für die Entscheidung bedeutsamen Fragen gewährt werden, zu unerheblichem Vortrag besteht kein Recht. Der Richter hat also im einzelnen Fall zu bestimmen, welches Vorbringen entscheidungserheblich ist. Die damit verbundenen Schwierigkeiten schildert ausführlich *Dürig*[4].

2. Das Recht zur Äußerung zu Rechtsfragen

Der Anspruch umfaßt nach heute einhelliger Ansicht[1] auch das Recht auf Gelegenheit zu rechtlicher Äußerung. Die früher vertretene ab-

---

[1] So das Bundesverfassungsgericht in ständiger Rechtsprechung seit BVerfGE 1, 418 (429); zuletzt BVerfGE 36, 92 (97). Zum folgenden auch *Maunz - Dürig* Art. 103 RZ 28 ff.; *Blomeyer* § 16 II 2; *Zeuner* S. 1021 f.

[2] BVerfGE 9, 89 (95); *Maunz - Dürig* Art. 103 RZ 30.

[3] Bundesverfassungsgericht in ständiger Rechtsprechung seit BVerfGE 1, 332 (347), zuletzt BVerfGE 36, 92 (97); *Maunz - Dürig* Art. 103 RZ 48; *Stein - Jonas - Pohle* Vorbem. IX 2 c vor § 128.

[4] *Maunz - Dürig* Art. 103 RZ 41 ff.

[1] BVerfGE 9, 231 (235 f.); 9, 261 (266); BVerwG DVBl 1956, 834; BVerwG NJW 1961, 891 und 1549; BayVerfGH 11, 190 (194) = NJW 1959, 285 (m. Anm. Röhl); 13, 24 (25); 15, 38 (39) = NJW 1962, 1387 = JZ 1963, 63 (m. Anm. Arndt); *Maunz - Dürig* Art. 103 RZ 28 und 33 ff.; *Stein - Jonas - Pohle* Vorbem. IX 2 c vor § 128; *Thomas - Putzo* Einl. I 4 b; *Blomeyer* § 16 II 2 b; *Rosenberg - Schwab* § 85 III 2; *Schönke - Kuchinke* § 8 III 3; *Bernhardt* § 23 IV; *Lent - Jauernig* § 25 XI; *Zeiss* § 32 II; *Zeuner* S. 1024; *Arndt* NJW 1959, 6 f. und 1298, sowie JZ 1963, 65; *Brüggemann* JR 1969, 366; *Dahs* S. 17 ff. und NJW 1961, 1244;

C. Der Inhalt des rechtlichen Gehörs

weichende Auffassung[2] wird dem Grundsatz des Gehörs nicht gerecht. Die Beteiligten werden nur dann nicht als Objekte des Verfahrens behandelt, wenn sie zu den gesamten Grundlagen der Entscheidung Stellung nehmen können[3]. Des weiteren ist zu bedenken, daß Tat- und Rechtsfragen eng verknüpft sind[4]; ihre exakte Trennung zu differenzierender Zumessung des Gehörs erscheint kaum möglich.

Von einem Zusammenhang der beiden Seiten des Streitverhältnisses gehen auch §§ 137 Abs. 2 und 139 Abs. 1 Satz 2 aus. Sie setzen voraus, daß die Parteien Gehör zu Rechtsfragen finden. Ein letztes Argument folgt aus der Geltung des Gehörgrundsatzes im Revisionsverfahren. Von den prozessualen Rügen abgesehen wird hier ausschließlich um Rechtsfragen gestritten, so daß jedenfalls in dieser Instanz die Stellungnahme nach der rechtlichen Seite zu ermöglichen ist[5]. Was für die Rechtsinstanz gilt, muß aber grundsätzlich auch in den Tatsachen- und Rechtsinstanzen gelten[6].

Die Äußerung in rechtlicher Hinsicht ist also Bestandteil des Anspruches auf Gehör. Ob das Gericht darüber hinaus verpflichtet ist, die Parteien von sich aus an rechtlicher Erörterung zu beteiligen, wird an anderer Stelle untersucht werden[7].

3. Die Pflichten des Gerichts

Das Parteirecht auf Gehör verpflichtet das Gericht in zweifacher Hinsicht. Es darf zum einen seiner Entscheidung nur solche Tatsachen und Beweisergebnisse zugrunde legen, zu denen Stellung zu nehmen den Parteien Gelegenheit gegeben war[1]. Zum anderen hat das Gericht die Ausführungen nicht nur zur Kenntnis zu nehmen, sondern auch in Erwägung zu ziehen[2].

Jagusch NJW 1959, 266 und NJW 1962, 1647 f.; *Kurth* S. 105 ff.; *Laufs* JR 1967, 180; *Lesser* DRiZ 1960, 421; *Röhl* NJW 1964, 277; *Ule* DVBl 1959, 542; *von Winterfeld* NJW 1961, 851.

[2] *Prager* AcP 133, 169 f.; *Röhl* NJW 1953, 1533 und NJW 1959, 285; Hamann AnwBl 1958, 147.

[3] *Maunz - Dürig* Art. 103 RZ 35; *Dahs* S. 17; *Zeuner* S. 1025.

[4] *Maunz - Dürig* Art. 103 RZ 35; *Arndt* NJW 1959, 7; *Zeuner* S. 1025.

[5] Das geben auch *Röhl* und *Hamann* a.a.O. zu. s. a. *Maunz - Dürig* Art. 103 RZ 36; *Blomeyer* § 16 II 2 b; *Dahs* S. 18; *Zeuner* S. 1025.

[6] *Maunz - Dürig* Art. 103 RZ 36.

[7] s. unten B 12.

[1] Bundesverfassungsgericht in ständiger Rechtsprechung seit BVerfGE 5, 22 (24), zuletzt BVerfGE 29, 345 (347); BayVerfGH in st. Rspr. seit 10, 1 (3), zuletzt 23, 143 ff.; BayObLG NJW 1974, 2322; ebenso *Maunz - Dürig* Art. 103 RZ 29; *Zeuner* S. 1022 m. w. N.

[2] Bundesverfassungsgericht in ständiger Rechtsprechung seit BVerfGE 11, 218 (220), zuletzt BVerfGE 36, 92 (97); BayVerfGH 20, 60 (61); *Maunz - Dürig* Art. 103 RZ 81; *Zeuner* S. 1036 f.

Da das Gericht nach nahezu einhelliger Auffassung[3] nicht dazu verpflichtet ist, jedes Vorbringen ausdrücklich zu bescheiden, hat *Pohle*[4] auch die Pflicht zur Erwägung des Vorgetragenen verneint[5]. Diese Ansicht ist in ihrer Ausschließlichkeit nicht haltbar. Zwar wird die folgende Untersuchung zeigen, daß eine Ignorierung des Gehörten zulässig sein kann[6]; grundsätzlich aber wird den Parteien die geforderte Einflußnahme auf das Verfahren nur dadurch gewährleistet, daß das Gericht zur Berücksichtigung ihrer erheblichen Ausführungen verpflichtet ist.

D. Das Ziel der Untersuchung

Mit der Frage nach Gewährung und Gewährleistung des rechtlichen Gehörs widmet sich die vorliegende Arbeit dem Verhältnis zwischen Art. 103 Abs. 1 GG und der Zivilprozeßordnung in zweifacher Hinsicht. Zunächst sollen einzelne Vorschriften daraufhin untersucht werden, ob sie unmittelbar Gehör gewähren, seiner Realisierung mittelbar dienen oder keine Beziehung zum rechtlichen Gehör aufweisen. Unter diesem Aspekt soll der gesamte Anwendungsbereich des Art. 103 Abs. 1 GG bestimmt werden.

Darüber hinaus wird zu prüfen sein, welche der gehörgewährenden Regelungen verfassungsrechtlich notwendig sind, also dem nicht disponiblen Kernbereich des Art. 103 Abs. 1 GG zugehören. Anhand der grundgesetzlichen Garantie des rechtlichen Gehörs wird sich ferner erweisen, inwieweit die Zivilprozeßordnung dem Anspruch genügt, ob im Einzelfall Art. 103 Abs. 1 GG als Auslegungsregel und Ermessensgrenze heranzuziehen oder unmittelbar anzuwenden ist. Schließlich soll das Augenmerk auf mögliche Ausnahmen und Einschränkungen des Grundrechts gerichtet werden.

Der Umfang der gestellten Aufgabe forderte eine Auswahl. Unberücksichtigt bleiben der Urkunden- und Wechselprozeß, das Entmündigungsverfahren, die Zwangsvollstreckung, das Aufgebotsverfahren und das schiedsrichterliche Verfahren. Auf einzelne Punkte konzentriert sich die Untersuchung des Verfahrens in Ehe- und Kindschaftssachen.

Für die Prüfung können Art. 91 Abs. 1 der Verfassung des Freistaates Bayern vom 2. 12. 1946 und Art. 6 Abs. 1 der Konvention zum

---

[3] Bundesverfassungsgericht in ständiger Rechtsprechung seit BVerfGE 5, 22 (24), zuletzt BVerfGE 28, 378 (384); *Maunz - Dürig* Art. 103 RZ 81; *Blomeyer* § 16 II 6; *Zeuner* S. 1036 f. m. w. N.; aber Bedenken bei *Hamann* AnwBl 1958, 148.

[4] *Stein - Jonas - Pohle* Vorbem. IX 2 c vor § 128.

[5] Er beruft sich dabei zu Unrecht auf *Bettermann* ZZP 77, 37 FN 84.

[6] So auch *Blomeyer* § 16 II 6; *Bettermann* ZZP 77, 37 FN 84.

Schutz der Menschenrechte und Grundfreiheiten vom 4. 11. 1950[7] außer Betracht bleiben. Ihre Besonderheit beschränkt sich auf die Art der zugunsten des Gehörs gewährten Rechtsbehelfe[8].

---

[7] BGBl 1952 II 685.
[8] Zum Verhältnis zwischen Art. 103 Abs. 1 GG und Art. 91 Abs. 1 BayVerf ausführlich *Kolb* S. 75 ff.

Teil II

Gewährung und Gewährleistung
durch die Zivilprozeßordnung

A. Die Antragstellung

Die Parteien fordern mit Anträgen und Gesuchen das Gericht zum Erlaß einer ihnen günstigen, antragsgemäßen Entscheidung auf. Dieser enge Zusammenhang legt es nahe, in dem Recht zur Antragstellung eine besondere Gelegenheit zur Einwirkung und Einflußnahme auf die künftige Entscheidung — und damit zur Wahrnehmung rechtlichen Gehörs — zu sehen. Bei näherer Prüfung rechtfertigt sich diese Annahme für die Sachanträge, also die auf materielles Recht gestützten, die Hauptsache betreffenden Anträge. Namentlich sind hier zu nennen der Klageantrag und der Widerklageantrag sowie deren Änderungen, die nicht nur leugnenden Abweisungsanträge, ferner die Rechtsmittelanträge sowie der Antrag auf Urteilsergänzung gemäß § 321.

Mit Stellung dieser Anträge verschafft sich die Partei zunächst Gehör in der Sache selbst, sie gibt ihre rechtliche Auffassung in bezug auf die bevorstehende Entscheidung zu erkennen.

Aufgrund ihrer Dispositionsbefugnis bestimmen die Parteien des Zivilprozesses mit den genannten Anträgen Form, Inhalt und Tragweite des begehrten Rechtsschutzes. Hier liegt die eigentliche Bedeutung der Sachanträge für das Recht auf Gehör. Klage- und Widerklageantrag sowie deren Änderungen erfassen den Gegenstand des erhobenen Anspruchs, §§ 253 Abs. 2 Nr. 2, 281. Berufungs- und Revisionsantrag erklären, inwieweit das Urteil angefochten wird und in welchem Maße seine Abänderung oder Aufhebung verlangt wird, §§ 519 Abs. 3 Nr. 1, 554 Abs. 3 Nr. 1. Das Berufungsgericht verhandelt gemäß § 525 nur im Rahmen der Anträge. In erster Instanz darf das Gericht ferner nichts zusprechen, was nicht beantragt ist, § 308 Abs. 1, im Rechtsmittelverfahren das angefochtene Urteil nur insoweit ändern, als eine Abänderung beantragt wurde, §§ 536, 559. Mit ihren Sachanträgen wirken die Parteien somit in der denkbar unmittelbarsten und bestimmendsten Weise auf die bevorstehende Entscheidung ein und gewinnen daher eine Anhörungsgelegenheit, die sich durch Art und Umfang ihrer Wirkung beispiellos hervorhebt. Der Dispositionsgrundsatz zwingt andererseits das Gericht zur Kenntnisnahme und Berücksichtigung der Sachanträge. Für die Parteien bedeutet dies, daß ihre Anträge das Gericht zur Gehörgewährung in der gebotenen Form veranlassen[1]. Die Zivilprozeßordnung verleiht dieser Funktion durch § 313 Abs. 1 Nr. 3, der die Hervorhebung der gestellten Anträge im Tatbestand des Urteils anordnet, besonderen Nachdruck. Die weitergehende Verpflichtung des Gerichts, jeden Antrag ausdrücklich zu bescheiden, ist nicht mehr Ausdruck des rechtlichen Gehörs; denn es gewährleistet dem einzelnen die Einwirkung auf Entscheidungen, nicht aber deren Bekanntgabe.

Grundlegend anderer Natur ist das Verhältnis der nur das Verfahren selbst betreffenden Anträge zum Grundsatz des Gehörs. Unter ihnen sind insbesondere zu bezeichnen die Anträge auf Aufhebung oder Verlegung eines Termins sowie auf Vertagung einer Verhandlung § 227 Abs. 1 und 3; auf Friständerung, §§ 224 Abs. 2, 226 Abs. 1; auf Aussetzung und Ruhen des Verfahrens, §§ 65, 151 - 155, 246, 251, 620; auf Verweisung an das zuständige Gericht, §§ 276, 506, 697, 700; schließlich die Beweisanträge, §§ 282, 371, 373, 402, 421, 445, 447. Insoweit eine Entscheidung aufgrund von Säumnis, Verzicht oder Anerkenntnis beantragt wird, ist ebenfalls nur das Verfahren betroffen. Sachanträge sind hingegen die auf den Inhalt des Versäumnis-, Verzichts- oder Anerkenntnisurteils gerichteten Anträge. Die genannten Beispiele deuten für sich bereits an, daß Prozeßanträge in keiner direkten Beziehung zur Endentscheidung stehen und daher nicht unmittelbar Gehör realisieren. Gleichwohl ist nicht zu verkennen, daß ein Zusammenhang insofern besteht, als einzelne Prozeßanträge auf solche gerichtlichen Entscheidungen zielen, die ihrerseits geeignet sind, der Gewährung rechtlichen Gehörs zu dienen. Dies kann vor allem gelten für Anträge auf Terminsverlegung, Vertagung, Fristverlängerung und Beweisaufnahme. Anknüpfungspunkt für Art. 103 Abs. 1 GG sind hier aber die erbetenen verfahrensleitenden Maßnahmen. Ihre Prüfung wird an anderer Stelle erfolgen. Für die Antragstellung selbst ist festzuhalten, daß Sachanträge Gehör verwirklichen, Prozeßanträge aber Gehör nur erbitten.

B. Die allgemeinen Vorschriften und das Verfahren im ersten Rechtszuge

1. Der Grundsatz der Waffengleichheit

Ziel des Erkenntnisverfahrens ist die richtige Entscheidung des zwischen den Parteien herrschenden Streites. Die Gerechtigkeit gebietet die Gleichbehandlung der Parteien. Sie sollen ihren Streit unter

---

[1] BVerfG in st. Rspr. seit E 6, 19 (20), zuletzt E 36, 85 (87); *Maunz - Dürig* Art. 103 RZ 30; *Stein - Jonas - Pohle* Vorbem. IX 2 c vor § 128; *Zeuner* S. 1021;

gleichen Bedingungen, mit den gleichen Chancen ausfechten können. Diese grundsätzliche Übereinstimmung prozessualer Befugnisse läßt sich veranschaulichen als „Waffengleichheit der Prozeßparteien, die sich vor dem Richter als dem Unparteiischen im Kampfe messen"[1].

Die Zivilprozeßordnung gewährt Waffengleichheit auf verschiedene Weise. Für beide Parteien besteht gleiches Klagerecht. Es zeigt sich zunächst in § 256, der beiden Parteien die Feststellungsklage in bezug auf dasselbe Rechtsverhältnis ermöglicht: Die eine Partei kann auf Feststellung der Gültigkeit, die andere auf Feststellung der Nichtigkeit z. B. eines Vertrages klagen. Mit dieser sog. negativen Feststellungsklage kann die eine Partei insbesondere auch einer drohenden Leistungsklage des Gegners zuvorkommen. Ist ein Prozeß bereits anhängig, so kann sich der Beklagte gegen die ursprüngliche Klage oder gegen ihre Erweiterung mit der Widerklage wehren, § 33. Wird im Laufe des Prozesses ein entscheidungserhebliches Rechtsverhältnis streitig, so kann der Kläger durch Erweiterung des Klageantrages eine richterliche Entscheidung über das Bestehen dieses Rechtsverhältnisses herbeiführen. Die Waffengleichheit wahrt hier § 280, der dem Beklagten die Zwischenfeststellungswiderklage eröffnet. Gleichberechtigt sind die Parteien des weiteren zur Antragstellung und zum Gebrauch der Rechtsmittel.

Vor allem wirkt die Waffengleichheit aber zugunsten des rechtlichen Gehörs. Sie gebietet, eine Entscheidung nur dann zu erlassen, wenn zuvor beiden Parteien Gelegenheit zur Äußerung gewährt wurde. Die Funktion der Waffengleichheit wechselt mit dem Objekt der Anhörung. Ein von vornherein gleiches Anhörungsrecht besteht gegenüber den gerichtlichen Ermittlungen und den Beweisergebnissen. Dabei gewährleistet die Gleichbehandlung lediglich die Zweiseitigkeit des Gehörs. Anderes gilt bei der Anhörung zum Vorbringen der Gegenpartei. Hier handelt es sich um einen nachträglichen Ausgleich der durch den jeweils ersten Vortrag ins Ungleichgewicht geratenen Positionen. Hat die eine Partei vorgetragen, so fordert der Grundsatz der Waffengleichheit zunächst gleiches Recht für die andere: audiatur et altera pars. Er verlangt aber darüber hinaus, daß die andere Partei in derselben Frage und damit zugleich zum Vorbringen des Gegners gehört wird. Die Gleichheit gebietet und garantiert in diesem Fall also die Gegenseitigkeit des Gehörs und damit einen egalitären Aspekt dieses Anspruches[2].

Arndt NJW 1959, 6 FN 6 und NJW 1959, 1298; *Baur* AcP 153, 403; *Kurth* S. 96 f.; *Röhl* NJW 1953, 1533 und NJW 1958, 1269; *Schultz* MDR 1959, 174; *Siegert* AcP 155, 42; *von Winterfeld* NJW 1961, 850. a. A. lediglich *Prager* AcP 133, 164, gegen ihn zutreffend *Kurth* S. 97 f.

[1] *Bötticher* S. 7, 9; ebenso *Bettermann* ÖJBl 1972, 63; s. a. *Rosenberg - Schwab* § 40 V; *Kleinfeller* § 60 pr.

[2] *Maunz - Dürig* Art. 3 Abs. 1 GG RZ 51 und 392 f.; *Blomeyer* § 15, 4; *Kleinfeller* § 60 I; *Dahs* S. 3; *Brüggemann* JR 1969, 365; *Lerche* ZZP 78,

B. Allgemeine Vorschriften und Verfahren im ersten Rechtszuge

Wird Beidseitigkeit übereinstimmend von Waffengleichheit und rechtlichem Gehör gefordert, so folgt daraus unbestritten[3] keine weitergehende Identität beider Grundsätze. Während *Baur*[4] aufgrund der Gleichsetzung von Justizgewährung und Gehör[5] eine Identität verneint, unterscheidet *Zeuner*[6] die Beziehung zum (Prozeß-)Gegenstand von dem Verhältnis zur Gegenpartei. Auch auf die jeweils eigenständige Regelung beider Prinzipien im Grundgesetz ist hingewiesen worden[7]. Nicht zuletzt ergibt sich die Selbständigkeit daraus, daß nur eine Teilidentität besteht. Weder die Waffengleichheit noch der Gehörgrundsatz erschöpfen sich in dem Gebot gleichberechtigter Anhörung.

2. Der Grundsatz kontradiktorischer Verhandlung

a) Das kontradiktorische Verfahren

„Die Verhandlung der Parteien über den Rechtsstreit vor dem erkennenden Gericht ist eine mündliche", bestimmt § 128 Abs. 1 und ordnet damit neben der Mündlichkeit die Unmittelbarkeit der Verhandlung an. Ausgangspunkt des § 128 Abs. 1 aber ist die Vorschrift, daß Träger der Verhandlung allein die Parteien sind. Diese Regelung, getroffen für die mündliche Verhandlung, kennzeichnet den gesamten Prozeß. Das Zivilverfahren erwächst aus einer Meinungsverschiedenheit zweier Parteien über vermeintliche Privatrechte. Die anschließende Geltendmachung der konträren Positionen vor einem unbeteiligten Gericht leitet einen streitigen Prozeß ein. Diesem Widerstreit der beiden Parteien entspricht die Gestalt des Verfahrens: die kontradiktorische Form der Verhandlung[1].

Für die Parteien folgt aus dem kontradiktorischen Aufbau automatisch die Möglichkeit, Stellung zu beziehen, das Streitverhältnis darzulegen, auf die Entscheidung einzuwirken, kurz: rechtliches Gehör zu finden. Da hierbei jede Partei zu ihrem eigenen Vorteil das ihr Günstige vortragen wird, verlangt die kontradiktorische Anlage des Prozesses notwendig die entsprechende Gegenerklärung der anderen

---

19 FN 41; *Kurth* S. 52; s. a. *Stein - Jonas - Pohle* Einl. F I 4 und Vorbem. IX 1 vor § 128; *Bruns* § 3 II 2 a und § 16 II 3; *Zeuner* S. 1016.
[3] *Baur* AcP 153, 403; *Kolb* S. 11; *Lerche* ZZP 78, 19; *Löwe* S. 21; *Siegert* AcP 155, 42; *Zeuner* S. 1016.
[4] *Baur* AcP 153, 403.
[5] Dazu eingehend unten B 10 a.
[6] *Zeuner* S. 1016.
[7] *Lerche* ZZP 78, 19 FN 41.
[1] *Stein - Jonas - Pohle* Vorbem. III und V 1 vor § 128; *Wieczorek* § 128 Anm. B III a; *Schmidt* § 70 I; *Stein*, Grundriß § 11, II; *Stein*, Privates Wissen S. 87; *Löwe* S. 77, 79.

Partei, um den streitenden Interessen gerecht zu werden und die Waffengleichheit zu wahren. Die kontradiktorische Verhandlungsform garantiert damit in besonderem Maße die Beidseitigkeit des rechtlichen Gehörs[2]. Diese Gewährleistung zeichnet sich vor allem dadurch aus, daß sie auf dem Wesen des Zivilprozesses, auf seiner Struktur als Streitverfahren beruht. Die Verwirklichung des Gehörs ist also Kennzeichen nicht allein der kontradiktorischen Verhandlung, sondern zugleich des Prozesses überhaupt. Aufgrund seiner streitigen Form ist der Zivilprozeß geradezu darauf angelegt, Gehör zu gewährleisten.

Es bedarf keiner Erläuterung, daß die kontradiktorische Verhandlung nicht nur im Zivilprozeß, sondern in allen Streitverfahren der Durchsetzung rechtlichen Gehörs dient. Der Hinweis auf weitere Verfahren ist aber insoweit zur Klarstellung geeignet, als der Unterschied zwischen Verhandlungsform und Verhandlungsprinzip zu belegen ist[3]. Die Trennung beider Grundsätze verdeutlicht beispielhaft der Verwaltungsprozeß, der trotz geltender Untersuchungsmaxime ein kontradiktorischer Prozeß ist, § 63 Nr. 1 und 2 VwGO. Für den Zivilprozeß ist festzuhalten, daß die kontradiktorische Verhandlung den Parteien die *Möglichkeit* einräumt, sich an der Stoffsammlung zu beteiligen, der Verhandlungsgrundsatz ihnen hingegen die *Verantwortung* für diesen Bereich auferlegt.

Der Grundsatz kontradiktorischer Verhandlung gilt nicht nur im mündlichen[4], sondern auch im schriftlichen Verfahren[5]. Er verlangt auch nicht, daß die Parteien einander explizit widersprechen oder gegensätzliche Anträge stellen. Wird das Verfahren durch Verzichts- oder Anerkenntnisurteil beendet, so ging eine kontradiktorische Verhandlung voraus, in der rechtliches Gehör gewährt wurde. Diese Urteile beruhen auf dem Verhandeln der Parteien, sind also kontradiktorisch[6]. Ebenso sind die Entscheidungen nach Lage der Akten, §§ 251 a, 331 a, zu beurteilen: sie setzen zwar nicht Verhandlung, sondern Säumnis voraus, knüpfen aber daran keine Folgen für den Inhalt der Entscheidung, die vielmehr aufgrund des kontradiktorischen Akteninhaltes ergeht[7]. Gleiches gilt für das sog. quasikontradiktorische oder unechte Versäumnis-

---

[2] *Stein - Jonas - Pohle* Vorbem. V 1 und IX 1 vor § 128; *Stein*, Grundriß § 11 III; *Rosenberg - Schwab* § 78 I 2; *Löwe* S. 79; vgl. a. *Arndt* NJW 1959, 7.

[3] Ebenfalls trennend: *Stein - Jonas - Pohle* Vorbem. III vor § 128; *Stein*, Privates Wissen S. 87 f.; *Schmidt* § 70 II.

[4] So aber *Kurth* S. 40 ff.

[5] *Stein - Jonas - Pohle* Vorbem. V 1 vor § 128.

[6] *Stein - Jonas - Pohle* Vorbem. V 1 vor § 128; *Blomeyer* § 82 II 1; *Bernhardt* § 43 I 3; *Schönke - Kuchinke* § 74 I 3; a. A. *Bruns* § 40 V 3 und § 43 VI 2; *Schmidt* § 70 I.

[7] *Blomeyer* § 82 II 1; *Schönke - Kuchinke* § 74 I 3.

urteil gemäß § 331 Abs. 2 Halbsatz 2[8]. Nicht kontradiktorisch, da nicht auf Verhandlung, sondern auf Säumnis beruhend, ist allein das echte Versäumnisurteil[9]. Sein Verhältnis zum rechtlichen Gehör ist anschließend zu untersuchen.

b) Das Versäumnisverfahren

Die §§ 330, 331 ermöglichen unter bestimmten Voraussetzungen eine Entscheidung ohne streitige Verhandlung und damit ohne Anhörung der säumigen Partei. Das Versäumnisurteil scheint daher unter Verletzung des Grundsatzes rechtlichen Gehörs zu ergehen. Das Gesetz hat jedoch die Möglichkeit ausgeschlossen, daß ein Beteiligter von dieser Entscheidung überrascht wird. Der Erlaß eines Versäumnisurteils setzt voraus, daß die nicht erschienene Partei ordnungsgemäß, insbesondere rechtzeitig geladen war, § 335 Abs. 1 Nr. 2, und vom beabsichtigten Vortrag des Gegners Kenntnis nehmen konnte, § 335 Abs. 1 Nr. 3. Die Information über Zeitpunkt und Bedeutung des bevorstehenden Termins hatte der ausgebliebenen Partei die Teilnahme und die Ausübung ihrer Rechte ermöglicht. Ihr war also Gelegenheit zur Anhörung gegeben. Den Anforderungen des Gehörgrundsatzes ist dadurch genügt, er überläßt der Partei, ob sie von der gebotenen Möglichkeit Gebrauch machen will. Übt sie ihr Recht nicht aus, so hat sie auch die Folgen zu tragen. Dieser Gedanke wird von § 333 bestätigt, der dem Nichterscheinen das Nichtverhandeln gleichstellt. Das Versäumnisurteil widerspricht also nicht dem Prinzip rechtlichen Gehörs[10].

Da die Entscheidung nur unter den in § 335 Abs. 1 Nr. 2 und 3 genannten Voraussetzungen zulässig ist und diese Bestimmungen in der beschriebenen Weise die Vereinbarkeit mit dem Gehörgrundsatz sicherstellen, dienen sie zugleich selbst der unmittelbaren Gewährleistung des Gehörs[11].

---

[8] *Blomeyer* § 82 II 1 (S. 410 FN 1); *Bernhardt* § 43 I 3; *Bruns* § 40 V 3; *Lent - Jauernig* § 66 III; *Schönke - Kuchinke* § 74 I 3.
[9] *Stein - Jonas - Pohle* Vorbem. V 1 vor § 128; *Stein - Jonas - Schumann / Leipold* Vorbem. III 3 vor § 330; *Baumbach - Lauterbach* Übers. 2 C vor § 300; *Thomas - Putzo* Vorbem. II 3 vor § 300; *Blomeyer* § 82 II 1; *Rosenberg - Schwab* § 108 III 2; *Schönke - Kuchinke* § 74 I 3; *Bernhardt* § 43 I 3; *Lent - Jauernig* § 59 II.
[10] BVerfGE 36, 298 (301 f.); *Maunz - Dürig* Art. 103 RZ 52; *Stein - Jonas - Pohle* Vorbem. IX 2 c vor § 128; *Blomeyer* § 16 II 3; *Kleinfeller* § 60 I; *Nikisch* § 50 III 1; *Lent - Jauernig* § 66 I und 25 XI; *Grunsky* § 25 III 1; *Baur* AcP 153, 408; *Kurth* S. 115 f.; *Röhl* NJW 1953, 1533; *Zeuner* S. 1021; *Löwe* S. 374.
[11] *Blomeyer* § 16 II 3; *Nikisch* § 50 III 1; *Lent - Jauernig* § 25 XI; *Prager* AcP 133, 146; *Kurth* S. 38 und 115 f.

Für den Fall, daß noch Zweifel bestehen, ob die säumige Partei tatsächlich hätte verhandeln können, gibt § 337 Satz 1 dem Gericht die Möglichkeit, die Verhandlung und die Entscheidung über den Erlaß eines Versäumnisurteils zu vertagen. Die ausgebliebene Partei ist dann zu dem neuen Termin zu laden, § 337 Satz 2. Auch diese Regelungen sind Ausdruck des Rechtes auf Gehör[12].

Die ausgebliebene Partei erhält darüber hinaus Gelegenheit, durch Einspruch nach § 338 das versäumte Gehör nachträglich wahrzunehmen. Das Verfahren bleibt in derselben Instanz; das Gericht hat von Amts wegen einen Termin zu mündlicher Verhandlung über den Einspruch und zugleich über die Hauptsache zu bestimmen, § 340 a Satz 1. Mit dem zulässigen Einspruch wird der Prozeß in die Lage zurückversetzt, in der er sich vor Eintritt der Säumnis befand, § 342[13]. In dieser Hinsicht ist der Einspruch als ein Antrag auf kontradiktorische Verhandlung und auf erneute Entscheidung aufgrund kontradiktorischer Verhandlung zu verstehen[14]. Er verhilft der säumigen Partei daher zu rechtlichem Gehör[15].

Aufgrund der in den §§ 335 Abs. 1 Nr. 2, 337 gewährten Sicherungen des rechtlichen Gehörs wird der Einspruch regelmäßig eine nur zusätzliche Gelegenheit zur Anhörung bieten. Jedoch kann die Prüfung der Ladung Fehler nicht ausschließen, und § 337 statuiert keine Nachforschungspflicht: dem Gericht werden in aller Regel die Ursachen der Säumnis unbekannt bleiben. Das Gesetz nimmt also in Kauf, daß ein Versäumnisurteil ergeht, ohne daß eine verschuldete Säumnis vorlag, ohne daß Gelegenheit zur Stellungnahme bestanden hatte. In diesen Fällen ist der Einspruch das einzige Mittel zur Erlangung des rechtlichen Gehörs und daher Bestandteil des Kernbereichs des Art. 103 Abs. 1 GG.

3. Der Verhandlungsgrundsatz und der Untersuchungsgrundsatz

Auf dem Widerstreit beider Parteien beruht der Grundsatz kontradiktorischer Verhandlung. Wie bereits angedeutet, eröffnet er jeder Partei die Möglichkeit, sich an der Stoffsammlung aus ihrer Sicht und

---

[12] RGZ 81, 321 (324); 160, 157 (162); *Stein - Jonas - Pohle* Vorbem. IX 1 vor § 128; *Thomas - Putzo* Einl. I 4 pr.; *Blomeyer* § 16 II 3; *Bernhardt* § 23 IV; *Lent - Jauernig* § 25 XI; *Zeiss* § 32 I; *Brüggemann* JR 1969, 368; *Prager* AcP 133, 147; *Kurth* S. 38 und 115 f.

[13] Jedoch bleibt das Versäumnisurteil um seiner vorläufigen Vollstreckbarkeit willen zunächst bestehen, vgl. § 343. Es ist mit der neu gefundenen, kontradiktorischen Entscheidung zu vergleichen: stimmen beide überein, so wird das Versäumnisurteil aufrechterhalten; weicht das Versäumnisurteil ab, so wird es kassiert und durch die neue Entscheidung ersetzt, *Bettermann* ZZP 88, 421.

[14] *Bettermann* ZZP 88, 421 f.

[15] BVerfGE 36, 298 (302); *Münzberg* S. 24 und 77; *Prager* AcP 133, 178; *Kurth* S. 206 f.

B. Allgemeine Vorschriften und Verfahren im ersten Rechtszuge

zu ihrem Vorteil zu beteiligen. Die Gegensätzlichkeit der Interessen wird dafür sorgen, daß sich aus den einseitigen Vorträgen zusammen ein annähernd vollständiges Bild des Streitverhältnisses ergibt[1]. Die Zivilprozeßordnung hat sich diese Erfahrung insoweit zunutze gemacht, als sie sich für den Verhandlungsgrundsatz entschied[2] und den Parteien damit die Verantwortung für die Stoffsammlung auferlegte.

Der Verhandlungsgrundsatz bestimmt, daß nur die von den Parteien behaupteten Tatsachen dem Urteil zugrunde zu legen sind, arg. §§ 130 Nr. 3, 286 Abs. 1 Satz 1, 288 f., 313 Abs. 1 Nr. 3, 331 Abs. 1, 339 Nr. 1, 542, 622. Auch offenkundige Tatsachen und das private Wissen des Richters können nur dann berücksichtigt werden, wenn sie durch Parteibehauptung in das Verfahren eingeführt wurden. Der Verhandlungsgrundsatz überläßt den Parteien auch die Entscheidung über die Notwendigkeit einer Beweisaufnahme. Keines Beweises bedürfen zugestandene und nicht bestrittene Behauptungen, §§ 288 Abs. 1, 138 Abs. 3, sowie Tatsachen, die dem Gericht offenkundig sind, § 291. Lediglich über streitige Tatsachen ist Beweis zu erheben, § 359 Nr. 1. Gemäß § 282 Abs. 1 haben grundsätzlich die Parteien den Beweis anzutreten, so nach §§ 371, 373, 402 f., 420 f., 445, 447. Ausnahmen von dieser Regel enthalten die §§ 142 - 144[3], 272 b Abs. 2 Nr. 1, 2, 5 und 448, denen zufolge das Gericht bestimmte Beweismittel von Amts wegen benutzen kann, indem es Augenschein einnimmt, Sachverständigenbeweis erhebt, die Vorlage von Urkunden oder Akten oder die Parteivernehmung anordnet: Instruktionsmaxime[4]. Lediglich den Zeugenbeweis kann das Gericht von sich aus nicht erheben, arg. § 272 b Abs. 2 Nr. 4.

Der Verhandlungsgrundsatz untersagt dem Gericht vor allem die Einführung von Tatsachen. Ihre alleinige Verantwortung für die Beibringung des Streitstoffes garantiert den Parteien sowohl das Recht zur Äußerung als auch die Anhörung durch das Gericht. Damit erfüllt der Verhandlungsgrundsatz die Forderung, der Beteiligte solle vor einer Entscheidung, die seine Rechte betrifft, zu Worte kommen, um Einfluß auf das Verfahren und sein Ergebnis nehmen zu können.

Der Grundsatz des Gehörs verlangt weiterhin, das erkennende Gericht müsse die Ausführungen der Parteien zur Kenntnis nehmen und in Erwägung ziehen. Die Verhandlungsmaxime trifft hierüber keine un-

---

[1] *Stein - Jonas - Pohle* Vorbem. V 1 vor § 128; *Rosenberg - Schwab* § 78 I 2; *Stein*, Grundriß § 11 II; *Stein*, Privates Wissen S. 87, 90.
[2] *Thomas - Putzo* Einl. I 1; *Rosenberg - Schwab* § 78 I 2; *Bruns* § 29 I 2; *Nikisch* § 50 II 2; *Kurth* S. 143.
[3] Keine Ausnahme in diesem Sinne enthält § 141, da die Vorschrift keinen Fall der Beweisaufnahme regelt.
[4] Hierzu *Hellwig* § 140 III 2; *Blomeyer* § 14 I 3.

mittelbare Aussage. *Kurth*[5] schließt daraus, sie enthalte überhaupt nichts von einer Berücksichtigung der Vorträge durch das Gericht. Dieser Schluß erscheint jedoch vorschnell, denn der Verhandlungsgrundsatz geht bereits davon aus, daß das Gericht sich der Mitarbeit nicht versagt. So verpflichtet § 136 Abs. 4 den Vorsitzenden, die Verhandlung erst dann zu schließen, wenn nach der Ansicht des Gerichts die Sache vollständig erörtert worden ist. § 286 Abs. 1 schreibt vor, daß eine freie Beweiswürdigung unter Berücksichtigung des gesamten Inhaltes der Verhandlungen und des Ergebnisses der etwaigen Beweisaufnahme zu erfolgen habe. Damit wird vorausgesetzt, daß das Gericht die Vorträge der Parteien mindestens zur Kenntnis genommen, die Parteien also angehört hat. Aus § 313 Abs. 1 Nr. 3 folgt, daß das mündliche Vorbringen der Parteien, insbesondere auch die gestellten Anträge, der Entscheidung zugrunde zu legen und also vom Gericht zu berücksichtigen sind.

Der Grundsatz des Gehörs wird charakterisiert durch die Wechselseitigkeit der Stellungnahmen: audiatur et altera pars. Auch hier verneint *Kurth*[6] eine Gewährleistung durch den Verhandlungsgrundsatz. Motiv für die kontradiktorische Gestaltung des Verfahrens, die auch der Verhandlungsmaxime zugrunde liegt, war der Egoismus der Partei, ihr Interesse, das ihr Günstige in der Verhandlung vorzubringen. Die hieraus resultierende Einseitigkeit jedes Vortrages bedarf der Ergänzung durch die Stellungnahme des Gegners, um die Stoffsammlung zu vervollständigen. Indem der Verhandlungsgrundsatz die Beibringung allein den Parteien überantwortet, geht er gerade davon aus, daß auf jede Erklärung die Replik folgen wird, daß also wechselseitig Gehör zu gewähren ist[7]. Demnach bietet der Verhandlungsgrundsatz im Ergebnis eine umfassende Garantie des Rechtes auf Gehör[8].

Einen Schritt weitergehend folgert die Rechtsprechung[9], der Grundsatz rechtlichen Gehörs ergebe sich aus der Verhandlungsmaxime. Dieser Ansicht ist namentlich von *Zeuner*[10] widersprochen worden mit der Begründung, der Anspruch auf rechtliches Gehör entstamme einer tiefer liegenden Schicht, „als Verfahrensgrundsätze, die — wie etwa Verhandlungs- oder Untersuchungsmaxime — eine mehr technische Bedeutung für den geordneten Ablauf des Verfahrens und die dazu

---

[5] *Kurth* S. 33; ebenso *Lent - Jauernig* § 25 XI.
[6] *Kurth* S. 33.
[7] *Stein - Jonas - Schönke - Pohle* Vorbem. II 1 vor § 128; *Stein*, Grundriß 11 II, III; s. a. *Bruns* § 29 I 2 a.
[8] Ebenso *Stein - Jonas - Pohle* Vorbem. IX 1 vor § 128; *Siegert* AcP 155, 43; s. a. *Nikisch* § 50 III 1.
[9] RG Gruch 66, 586 (588 f.); RGZ 160, 157 (162); BGH LM Nr. 2 zu § 548 ZPO.
[10] *Zeuner* S. 1015 f.; s. a. *Lent - Jauernig* § 25 XI; *Kurth* S. 32 f.; *Löwe* S. 24 ff.

B. Allgemeine Vorschriften und Verfahren im ersten Rechtszuge

erforderliche Verteilung von Aufgaben und Verantwortlichkeiten haben"[11]. Den Ansatzpunkt des Anspruches auf Gehör sieht *Zeuner* demgegenüber im Verhältnis der Person zu ihrem Recht und ihrer Rechtslage. Da die Person freier Träger ihrer eigenen rechtlichen Beziehungen sei, ergebe sich ein enger Zusammenhang des Prinzips des rechtlichen Gehörs mit der Menschenwürde.

Die Formulierung *Zeuners* erscheint jedoch insoweit unzutreffend, als er Verhandlungs- und Untersuchungsgrundsatz eine lediglich technische Bedeutung zuerkennt. Gegenüber dieser Einordnung ist zu bedenken, daß sich für diese beiden Maximen eine Verbindung zu Art. 1 Abs. 1 GG knüpfen läßt. Verhandlungs- und Untersuchungsgrundsatz betreffen die Machtverteilung zwischen Parteien und Gericht, ihnen liegt die Abwägung zwischen der Freiheit des einzelnen und staatlichem Zwang zugrunde. Der Maßstab für diese Abwägung ist den Grundrechten zu entnehmen, die in ihrer Gesamtheit den Schutz der Menschenwürde konkretisieren. Da demgegenüber das Recht auf Gehör aus dem Gebot der Rechtsstaatlichkeit folgt, kann von einem unterschiedlichen *Niveau* der Grundsätze nicht gesprochen werden.

Die Ansicht des Reichsgerichts ist aber mit Bedeutung und Inhalt dieser beiden Verfahrensgrundsätze nicht vereinbar. Oben wurde gezeigt, daß der Verhandlungsgrundsatz dem rechtlichen Gehör umfassend Garantie bietet. Dieses Ergebnis berührt jedoch nicht die Tatsache, daß die Frage der Verantwortung der Parteien für die Sachverhaltsfeststellung eine grundsätzlich andere ist als diejenige nach ihrer Berechtigung zu einer Stellungnahme. Dieser Unterschied zeigt sich am deutlichsten daran, daß der Anspruch auf rechtliches Gehör seinem Wesen — und dem Wortlaut des Art. 103 GG — entsprechend in allen gerichtlichen Verfahren besteht. Das Recht zur Stellungnahme soll gerade unabhängig von der Ausgestaltung durch die jeweilige Verfahrensordnung gewährleistet sein[12]. Ohne Vorgriff auf die folgende Erörterung des Untersuchungsgrundsatzes ist also festzustellen, daß rechtliches Gehör nicht allein in Verfahren mit Verhandlungsmaxime zu gewähren ist. Aus diesem Grunde ist die vom Reichsgericht vertretene Auffassung zu eng[13], seine Konsequenz daher nicht aufrecht zu erhalten.

Der Untersuchungsgrundsatz überträgt die Verantwortung für die Stoffsammlung dem Gericht. Es hat von Amts wegen den rechtserheblichen Sachverhalt festzustellen, indem es Bestimmung darüber trifft, welche Tatsachen in das Verfahren einzuführen und inwieweit Beweise zu erheben sind. Die Behauptungen und Beweisangebote der Parteien binden das Gericht nicht, sind aber zulässig und dürfen nicht

---
[11] *Zeuner* S. 1015.
[12] BVerfGE 7, 53 (57).
[13] Vgl. *Blomeyer* § 16 pr (S. 73 FN 1).

unberücksichtigt bleiben, sofern sie entscheidungserheblich sind[14]. Der Grundsatz gilt in bestimmten Zivilverfahren uneingeschränkt, so bei Feststellungs- und Nichtigkeitsklagen in Ehesachen, §§ 617, 622 Abs. 1, in allen Kindschaftssachen, § 640 Abs. 1, im Entmündigungsverfahren, §§ 653 Abs. 1 Satz 1, 663 Abs. 2, 670 Abs. 1, 676 Abs. 3, 679 Abs. 4, 680 Abs. 3, 684 Abs. 4, 685, 686 Abs. 4, sowie im Aufgebotsverfahren, §§ 952 Abs. 3, 986 Abs. 3. In Ehescheidungs-, Eheaufhebungs- und Eheherstellungsprozessen kann das Gericht nur „ehefreundliche" Tatsachen in das Verfahren einführen, § 622 Abs. 2. Ist die Ehelichkeit eines Kindes oder die Anerkennung der Vaterschaft angefochten, so kann das Gericht gegen den Widerspruch des Anfechtenden Tatsachen, die von den Parteien nicht vorgebracht sind, nur insoweit berücksichtigen, als sie geeignet sind, der Anfechtung entgegengesetzt zu werden, § 640 d.

Da der Untersuchungsgrundsatz sich darauf beschränkt, die Verantwortung für die Beibringung der entscheidungserheblichen Unterlagen dem Gericht zu übertragen, verhilft er den Parteien in keiner Weise zu rechtlichem Gehör. Das bedeutet aber nicht, daß dem Gehör in den vom Untersuchungsprinzip beherrschten Verfahren keine Bedeutung zukäme. Das Gesetz sagt in § 622 Abs. 1 ausdrücklich, daß die nicht von den Parteien vorgebrachten Tatsachen nur nach Anhörung berücksichtigt werden dürfen. Auf diese Regelung verweisen die §§ 640 Abs. 1, 670 Abs. 1, 679 Abs. 4, 684 Abs. 4, 686 Abs. 4. Diese Vorschrift zeigt, daß der Gesetzgeber der mangelnden Garantie des Gehörs durch den Untersuchungsgrundsatz entgegentreten wollte. Dazu war es erforderlich, in einem Verfahren, in dem das Gericht bei der Stoffsammlung nicht auf die Mitwirkung der Parteien angewiesen ist, deren Anhörungsrecht ausdrücklich zu normieren. Den Beteiligten sollt nicht zugemutet werden, sich darauf verlassen zu müssen, daß das Gericht schon aufgrund der „Offizialmaxime"[15] zu einer richtigen Entscheidung gelangen werde[16].

Die Folgerung, daß die beiden Prozeßgrundsätze sich nicht ausschließen, ergibt sich auch aus ihrem unterschiedlichen Wesen. Die Regelung der Sachaufklärung durch die Inquisitionsmaxime schließt eine Beteiligung der Parteien und damit die Wahrung ihrer Eigenständigkeit nicht generell aus. Gerade weil aber der Untersuchungsgrundsatz selbst keine Garantie zur Wahrung des rechtlichen Gehörs abgeben kann, ist in seinem Geltungsbereich die Wahrnehmung des Gehörs von besonderer Bedeutung.

---

[14] *Blomeyer* § 14 III.

[15] Das BVerfG benutzt die Bezeichnung „Offizialprinzip" als Synonym für den Untersuchungsgrundsatz. Nach der hier vertretenen Auffassung steht die Offizialmaxime nur im Gegensatz zur Dispositionsmaxime. s. a. *Stein - Jonas - Pohle* Vorbem. VI 2 vor § 128.

[16] BVerfGE 7, 53 (57); s. a. BVerfGE 9, 256 (259) und 10, 177 (182).

B. Allgemeine Vorschriften und Verfahren im ersten Rechtszuge

4. *Der Grundsatz der Mündlichkeit*

a) Die obligatorisch mündliche Verhandlung

Die Zivilprozeßordnung verlangt in § 128 Abs. 1 die Mündlichkeit der Verhandlung vor dem erkennenden Gericht. Mündliche Verhandlung ist auch in anderen Fällen vorgeschrieben, so bei Zwischenstreitigkeiten mit Dritten, §§ 71 Abs. 1 Satz 1, 135 Abs. 2, 366 Abs. 2, 387 Abs. 1, 402. Der Grundsatz der Mündlichkeit besagt zunächst, daß das Gericht eine Entscheidung nur aufgrund mündlicher Verhandlung treffen darf. Er verlangt des weiteren, wie § 313 Abs. 1 Nr. 3 verdeutlicht, daß nur der ausdrücklich oder unter Bezug auf Schriftsätze, § 137 Abs. 3, mündlich vorgetragene Prozeßstoff als Entscheidungsgrundlage zu berücksichtigen ist. Umgekehrt folgt daraus, daß alles mündlich Verhandelte der Entscheidung zugrunde zu legen ist, soweit es für sie erheblich ist.

Eine mündliche Verhandlung setzt dem Wortsinn entsprechend voraus, daß in ihrem Verlauf die Parteien miteinander ins Gespräch kommen und durch Behauptung und Erwiderung, Frage und Antwort den gesamten Streitstoff in Rede und Gegenrede erörtern. Auf diese Weise entsteht ein Wechselgespräch, eine Diskussion, die jeder Partei Gelegenheit bietet, die eigenen Argumente vorzutragen und sich zum Vorbringen des Gegners zu äußern.

Auf der anderen Seite garantiert der Mündlichkeitsgrundsatz den Parteien, daß das Gericht seiner Entscheidung nur diejenigen erheblichen Tatsachen zugrunde legt, zu denen sie zuvor Stellung nehmen konnten. Das auf § 313 Abs. 1 Nr. 3 beruhende Gebot, nur das mündlich Vorgetragene als Entscheidungsgrundlage zu berücksichtigen, und die Folgerung, dann auch alles mündlich Verhandelte — soweit erheblich — der Entscheidung zugrunde zu legen, gewährleisten ferner, daß das Gericht die Ausführungen der Parteien berücksichtigen wird. Damit erfüllt der Grundsatz mündlicher Verhandlung auch die andere, auf das Gericht bezogene Seite des Anspruches auf Gehör. Die Mündlichkeit erweist sich danach als vollkommene Garantin des Gehörgrundsatzes[1]. Soweit sie ordnungsgemäß eingehalten wird, erlangen die Parteien notwendig und automatisch Gehör. Es läßt sich daher sagen, daß die Verwirklichung des Rechtes auf Gehör ein Wesensmerkmal der Mündlichkeit ist.

Diese Folgerung ist jedoch nicht umkehrbar: die beiden Grundsätze sind nicht identisch. Ohne wesentlichen Vorgriff auf die Abweichungen

---

[1] BVerfGE 36, 85 (87); *Nikisch* § 50 III; *Rosenberg - Schwab* § 80 I 2 b; *Schönke - Kuchinke* § 8 III 3; *Kip* S. 60 f.; *Bettermann* ÖJBl 1972, 62; *Kurth* S. 120; *Röhl* NJW 1953, 1532; s. a. bereits *Hellwig* § 140 IV 1; *Planck* I § 51 III; *Goldschmidt* § 51, 4.

vom Mündlichkeitsprinzip läßt sich feststellen, daß rechtliches Gehör nicht ausschließlich in der mündlichen Form der Verhandlung gewährleistet werden kann[2]. Demgemäß begründet nach der ständigen Rechtsprechung des Bundesverfassungsgerichtes[3] der Anspruch auf Gehör kein Recht auf eine mündliche Verhandlung: Das Prinzip der Mündlichkeit sei kein Verfassungsrechtsgrundsatz, sondern eine Prozeßrechtsmaxime, die bestimmte Verfahrensarten beherrsche. Es sei Sache des Gesetzgebers zu entscheiden, ob und wie weit er in bestimmten Verfahren einen Anspruch auf eine mündliche Verhandlung geben wolle.

b) Die Ausgestaltung der mündlichen Verhandlung

Die überragende Bedeutung der Mündlichkeit für das rechtliche Gehör wird durch die den Ablauf der Verhandlung regelnden Vorschriften[4] bestätigt, zunächst durch § 136[5].

Der Vorsitzende, der gemäß § 136 Abs. 1 die Verhandlung leitet, erteilt das Wort und kann es dem unfolgsamen Beteiligten entziehen, § 136 Abs. 2. Mit der Worterteilung wird den Parteien unmittelbar Gelegenheit zur Wahrnehmung ihrer Rechte geboten. Der mögliche Wortentzug scheint dementsprechend eine Einschränkung des Gehörs zu bedeuten. Zu bedenken bleibt aber, daß ein Entzug die Erteilung des Wortes voraussetzt. Dem Betroffenen war also bereits Gelegenheit zur Äußerung gegeben worden. Vergibt er sie, indem er sachleitende Anordnungen des Vorsitzenden nicht befolgt, so verstößt die Abschneidung des Wortes nicht gegen den Grundsatz des rechtlichen Gehörs.

Nach § 136 Abs. 3 hat der Vorsitzende auch dafür Sorge zu tragen, daß die Sache erschöpfend erörtert wird. Der vom Gesetz gewählte Begriff Erörterung beschreibt das Wesen des Mündlichkeitsprinzips: die Äußerung in Form der Wechselrede. Die Besonderheit dieser Vorschrift besteht darin, daß sie den Vorsitzenden zu dieser Form der Gehörgewährung verpflichtet.

Den Umfang der Anhörung garantiert § 136 Abs. 4, demzufolge der Vorsitzende die Verhandlung erst dann schließen darf, wenn nach Ansicht des Gerichts die Sache vollständig erörtert worden ist. Gleiches bestimmt § 349 Abs. 1 Satz 2 für das Verfahren vor dem Einzelrichter.

---

[2] Vgl. *Zeuner* S. 1032.
[3] BVerfGE 5, 9 (11); 6, 19 (20); 15, 249 (256); 15, 303 (307); 25, 352 (357); 36, 85 (87).
[4] § 139 wird in einem gesonderten Abschnitt behandelt, s. unten B II.
[5] *Stein - Jonas - Pohle* Vorbem. IX 1 vor § 128; *Thomas - Putzo* Einl. I 4 pr.; *Wieczorek* § 136 Anm. B I; *Blomeyer* § 16 pr.; *Bernhardt* § 23 IV; *Lent - Jauernig* § 25 XI; *Zeiss* § 32 I; *Kurth* S. 34.

B. Allgemeine Vorschriften und Verfahren im ersten Rechtszuge

Schneidet der Vorsitzende einer Partei das Wort ab, so kann gegen diese Anordnung gemäß § 140 die Entscheidung des Gerichts angerufen und das etwa versagte rechtliche Gehör nachgeholt werden[6].

Die Übertragung der Verhandlungsleitung auf den Vorsitzenden läßt erkennen, daß die Verhandlung selbst wesentlich von den Parteien gestaltet wird. Eine Bestätigung ihrer tragenden Rolle enthalten die Vorschriften des § 137. Nach Abs. 1 wird die mündliche Verhandlung durch die Anträge der Parteien eingeleitet. Damit erhalten sie von Anbeginn des Verfahrens Gelegenheit zur Wahrnehmung des Gehörs. Sie haben ihre Anträge sodann zu begründen in freiem Vortrag, der das Streitverhältnis in tatsächlicher und rechtlicher Beziehung umfassen muß. Mit dieser Vorschrift gewährleistet § 137 Abs. 2 sowohl das Äußerungsrecht als auch seinen Umfang.

In Anwaltsprozessen hat die Partei ihre Erklärungen grundsätzlich durch den Prozeßbevollmächtigten abzugeben[7]. § 137 Abs. 4 gestattet daneben auch der Partei auf Antrag das Wort und gewährt ihr damit den Anspruch auf unmittelbares persönliches Gehör[8]. Dieses Recht ist kein formales, wie § 85 Satz 2 zeigt. Die miterschienene Partei kann Geständnisse und andere tatsächliche Erklärungen ihres Anwaltes widerrufen oder berichtigen.

In keinem direkten Zusammenhang mit dem rechtlichen Gehör stehen die Vorschriften der Absätze 1 und 2 des § 138, denn sie dienen primär der Aufklärung des Sachverhalts. Die den Parteien durch § 138 Abs. 2 auferlegte Pflicht zur Erklärung, die sich aufgrund der Geständnisfiktion des § 138 Abs. 3 als Erklärungslast darstellt, enthält jedoch daneben eine mittelbare Gewährleistung: Die Pflicht setzt das Recht zur Äußerung voraus[9]. Indem die Bestimmung ausdrücklich die Erklärung zu den vom Gegner behaupteten Tatsachen fordert, wird sie dem Grundsatz des Gehörs in besonderer Weise gerecht.

Entsprechendes gilt für die Regelung der Wahrheitspflicht und der ihr dienenden[10] Pflicht zu vollständiger Erklärung durch § 138 Abs. 1. Auch hier ist vorausgesetzt, daß überhaupt erklärt werden kann[11].

---

[6] Vgl. BVerfGE 5, 9 (10).

[7] Zum Anwaltszwang s. unten B 9 a.

[8] BayVerfGH 14, 47 (48) = NJW 1961, 1523; 23, 177 (180); *Blomeyer* § 16 II (S. 77 FN 8); *Brüggemann* JR 1969, 362; *Kurth* S. 37 und 65; *Lerche* ZZP 78, 18; *Röhl* NJW 1964, 278.

[9] *Schönke - Kuchinke* § 8 III 3; *Kurth* S. 36 f.

[10] *Stein - Jonas - Pohle* § 138 Anm. I 1 c; *Blomeyer* § 30 VII 1 c; *Rosenberg - Schwab* § 65 VIII pr.

[11] *Kurth* S. 36 spricht von einem Reflex in Bezug auf das rechtliche Gehör.

c) Das schriftliche Verfahren

Gemäß § 128 Abs. 2 kann das Gericht mit Einverständnis der Parteien eine Entscheidung ohne mündliche Verhandlung treffen. Die damit zugelassene schriftliche Verfahrensform ermöglicht den Parteien die schriftliche Äußerung und damit die Wahrnehmung ihres Rechtes auf Gehör. Gegenüber einer mündlich geführten Verhandlung gilt für die Gewährleistung also grundsätzlich nichts Abweichendes[12].

Dem Verlangen des Gehörgrundsatzes nach Stellungnahme auch des Gegners zu jedem entscheidungserheblichen tatsächlichen Vorbringen vermag das schriftliche Verfahren jedoch nicht so automatisch und selbstverständlich zu genügen wie die mündliche Verhandlungsform[13]. Daher ist das Gericht zu besonderen Maßnahmen verpflichtet, um die Wechselseitigkeit der Stellungnahmen zu gewährleisten[14]. Es muß, sobald ihm ein Schriftsatz zugeht, dem Gegner Kenntnis und Gelegenheit zur Antwort — zweckmäßig unter Fristsetzung — bieten. Darüber hinaus hat es sich des Zugangs der Schriftsätze durch förmliche Zustellung oder Beifügen einer rückgabepflichtigen Empfangsbescheinigung[15] zu vergewissern, gegebenenfalls durch eine Nachfrage den Parteien die Rüge unterlassener Zustellung zu ermöglichen.

Die Notwendigkeit, die Wechselbezüglichkeit der Schriftsätze zu gewährleisten, gewinnt besondere Bedeutung am Ende des schriftlichen Verfahrens, denn der Schluß der schriftlichen Verhandlung ist gesetzlich nicht geregelt. Rechtsprechung und Lehre sind über die Anwendbarkeit der verschiedenen Lösungswege uneinig: Das schriftliche Verfahren könne in entsprechender Anwendung des § 136 Abs. 4 durch Beschluß ausdrücklich beendet werden[16], ebenso wirke die Einräumung einer Schriftsatzfrist[17]. Hat jedoch das Gericht keine Frist eingeräumt, so schließt die Verhandlung nach überwiegender Ansicht[18] mit der Absendung der Entscheidung durch die Geschäftstelle des Gerichts, denn

---

[12] BVerfGE 11, 232 (234); BGHZ (GrS) 13, 265 (270); *Maunz - Dürig* Art. 103 RZ 72; *Stein - Jonas - Pohle* § 128 Anm. X 3; *Lent - Jauernig* § 25 XI; *Nikisch* § 50 III 2; *Planck* I § 51 III; *Rosenberg - Schwab* § 82 I 3; *Kurth* S. 154 f.; s. a. BVerwGE 7, 230 (231); VG Frankfurt DVBl 1959, 896.

[13] Vgl. *Kip* S. 61 ff.

[14] *Stein - Jonas - Pohle* § 128 Anm. X 3 a.

[15] BVerfGE 36, 85 (88) m. Anm. *Scheld*, RPfleger 1974, 212.

[16] BAG NJW 1962, 126 (L) m. abl. Anm. *Thomas* NJW 1962, 836; BAG NJW 1962, 509; *Rosenberg - Schwab* § 110 IV 2; *Walchshöfer* NJW 1972, 1032.

[17] *Thomas - Putzo* § 128 Anm. III 3 d; *Schönke - Kuchinke* § 8 IV 5 a; *Blomeyer* § 56 II 1; *Walchshöfer* NJW 1972, 1032.

[18] BGH NJW 1967, 1466; BGH NJW 1968, 49 f.; *Stein - Jonas - Pohle* § 128 Anm. X 4; *Wieczorek* § 128 Anm. J II d 2; *Baumbach - Lauterbach* § 128 Anm. 6 B; *Walchshöfer* NJW 1972, 1032; a. A. *Zöller - Stephan* § 128 Anm. B III; *Thomas - Putzo* § 128 Anm. III 3 d; *Schönke - Kuchinke* § 8 IV 5 a.

zu diesem Zeitpunkt sei die Entscheidung bereits erlassen und damit für das Gericht gemäß § 318 bindend geworden.

Der Streit kann hier unentschieden bleiben; denn für die Gewährleistung des Gehörs kommt es allein darauf an, ob das Gericht im gegebenen Fall entscheiden darf oder noch Schriftsätze abwarten muß. Diese Frage stellt sich namentlich in zwei Fällen: wenn Schriftsätze, die vor Ablauf einer Frist eingehen, nicht innerhalb der Frist beantwortet werden können, und wenn nach Fristablauf Schriftsätze sowohl eingehen als auch beantwortet werden. In beiden Fällen ist das Gericht nicht gehindert, die nach Fristablauf eingegangenen Schriftsätze zu berücksichtigen, denn die Schriftsatzfrist ist Wartefrist, nicht Ausschlußfrist; sie untersagt dem Gericht nur, vor Eingang der Schriftsätze ohne mündliche Verhandlung zu entscheiden[19]. Der Grundsatz rechtlichen Gehörs verlangt aber, daß, sofern der jeweils erste Schriftsatz berücksichtigt wurde, auch die erwidernde Stellungnahme des Gegners zu beachten ist, jedenfalls dann, wenn nicht § 279 eingreift[20]. Im übrigen kann das Gericht auch zur mündlichen Verhandlung zurückkehren: § 156[21].

In der Natur der schriftlichen Verhandlung liegt begründet, daß die Parteien nicht ebenso schnell und zwanglos gehört werden können wie in einem mündlichen Verfahren. Die Art der Anhörung wird aber vom Grundsatz des Gehörs nicht vorgeschrieben, er ist daher im schriftlichen Verfahren genauso gewährleistet wie im mündlichen. Maßgebend ist die Überlegung, dem Anspruch sei genügt, wenn rechtliches Gehör in derjenigen Weise gewährt werde, die für das in Betracht kommende Verfahren vorgeschrieben sei[22]. In diesem Zusammenhang ist auf § 62 SGG hinzuweisen, diese Vorschrift läßt ausdrücklich eine schriftliche Anhörung genügen.

d) Die fakultativ mündliche Verhandlung

In zahlreichen Fällen[23] stellt das Gesetz die mündliche Verhandlung frei. Ihre Anordnung steht auch dann im Ermessen des Gerichts, wenn eine Anhörung ausdrücklich vorgeschrieben ist, so in den §§ 225 Abs. 2, 844 Abs. 2, 891, 1042 a Abs. 1, 1045 Abs. 2. Die mündliche Verhandlung dient hier nur dem Zweck, die schriftlichen Erklärungen der Parteien

---

[19] RGZ 151, 193 (195); BGHZ 11, 27 (31); 28, 278 (284).
[20] *Kurth* S. 155; *Walchshöfer* NJW 1972, 1032 f.
[21] s. unten B 14.
[22] So BGHZ (GrS) 13, 265 (270) für das Verfahren vor den Großen Senaten gemäß § 138 Abs. 1 GVG.
[23] Eine umfassende Aufstellung findet sich bei *Stein - Jonas - Pohle* § 128 Anm. II 3 a, b.

zu ergänzen oder zu berichtigen[24]. Nach den oben zu § 128 Abs. 1 und 2 dargestellten Grundsätzen erlangen die Parteien rechtliches Gehör unabhängig davon, ob das Gericht mündliche oder schriftliche Verhandlung anordnet.

5. Der Grundsatz von der Einheit der mündlichen Verhandlung

Die Universalmaxime besagt, daß die Parteien nicht alle Angriffs- und Verteidigungsmittel auf einmal vorzubringen haben, sondern sie bis zum Schluß der letzten mündlichen Tatsachenverhandlung geltend machen können, § 278 Abs. 1. Diese Vorschrift setzt zunächst voraus, daß die Parteien überhaupt Gelegenheit zum Vortrag erhalten und damit rechtliches Gehör finden können[1]. Des weiteren deutet die ausdrückliche Bezeichnung ihrer Erklärungen als Angriffs- und Verteidigungsmittel auf jene Wechselseitigkeit hin, die bereits im Rahmen der Mündlichkeit als spezifische Garantin des Gehörs erkannt wurde.

Die eigentliche Bedeutung des Einheitsgrundsatzes für das rechtliche Gehör ergibt sich aber aus der ratio der in § 278 Abs. 1 getroffenen Regelung. Sie besteht in der Zusammenfassung der mehreren Termine einer mündlichen Verhandlung zu einem einheitlichen Ganzen. Die Bedeutung für den Vortrag der Parteien liegt darin, daß ihnen die Wahl des Zeitpunktes, zu dem sie ihre Erklärungen in das Verfahren einbringen wollen, freigestellt ist bis zum letzten Termin, also bis zum Schluß der mündlichen Verhandlung, auf die das Urteil ergeht. Damit ist zugleich sichergestellt, daß die Streitenden bis zu diesem Zeitpunkt ihren Anspruch auf Gehör durchsetzen können. Die Universalmaxime sichert das Gehör also in seinem zeitlichen Umfang.

Eine Bestätigung findet dieses Prinzip in § 283: auch Beweismittel und Beweiseinreden können bis zum Schluß der mündlichen Verhandlung, auf die das Urteil ergeht, geltend gemacht werden.

Der Verdeutlichung der genannten Garantie dient ein Rückblick auf das im gemeinen Prozeß[2] geltende Gegenstück zum Einheitsgrundsatz: die Eventualmaxime. Sie unterteilte jeden Rechtszug in feste Abschnitte. So trennte ein Beweisurteil (Beweisinterkolut) das Stadium der Rechtsbehauptungen von dem der Beweise mit der Folge, daß die Parteien gezwungen waren, alles denkbar Bedeutungsvolle in dem

---

[24] *Rosenberg - Schwab* § 82 I 2.
[1] *Prager* AcP 133, 149; *Kurth* S. 39.
[2] Kursächsische Process- und Gerichtsordnung von 1622, tit. 11 § 10: „Es soll aber auch der Beklagte auff den Fall, da er die peremptorias Exceptiones nach der Kriegs-Bevestigung einwendet, dieselben also dann nicht zu vergeblicher Verzögerung der Sachen, eine nach der anderen, sondern alle zugleich — einbringen." (Zitat nach *R. Schmidt* S. 87 FN 4).

dafür vorgesehenen Prozeßabschnitt vorzutragen, sei es auch nur eventualiter („Eventualmaxime"). Nach Abschluß eines Verfahrensabschnittes unterband die Präklusion jedes weitere Vorbringen. Den Parteien war damit von vornherein nur eine zeitlich begrenzte Gelegenheit zur Äußerung eingeräumt. Entsprechend verfährt die geltende Zivilprozeßordnung, wenn sie in § 274 Abs. 1 vorschreibt, die prozeßhindernden Einreden seien vom Beklagten gleichzeitig und vor der Verhandlung zur Hauptsache vorzubringen. Beschränkt auf die Einreden der Unzuständigkeit des Gerichts und der Entscheidung durch Schiedsrichter trifft § 504 Abs. 1 eine entsprechende Regelung. Diese Bestimmungen enthalten wirklichen Zwang zu eventueller Häufung und damit einen Rest der Eventualmaxime[3].

Eine vergleichbare Wirkung entfalten diejenigen Vorschriften, welche — ohne zu eventuellem Vorbringen zu zwingen — die Verschweigung in bestimmten Stadien des Verfahrens mit der Befristung von bestimmten Prozeßhandlungen verknüpfen: §§ 39, 76 f., 269, 295 ZPO, § 101 GVG.

6. Der Konzentrationsgrundsatz

Der Vorzug des Einheitsgrundsatzes, den Parteien ein nachträgliches Vorbringen neuen Prozeßstoffes zu ermöglichen, birgt zugleich die Gefahr, zur Zersplitterung der mündlichen Verhandlung und zur Verschleppung des Prozesses mißbraucht zu werden. Aus diesem Grunde war der Gesetzgeber gezwungen, zunehmend schärfer auf eine Konzentration des Verfahrens hinzuwirken[1]. Dies geschah einerseits durch Vorschriften, die sich auf die Vorbereitung der mündlichen Verhandlung beziehen, so die §§ 272 b, 349 Abs. 2[2], andererseits durch eine Einschränkung der Universalmaxime in der Weise, daß ein späteres Vorbringen unter besonderen Umständen zurückgewiesen werden kann. Die daneben bestehende Möglichkeit, eine schuldhafte Prozeßverzögerung durch die Auferlegung von Kosten zu sanktionieren, — §§ 95, 97 Abs. 2, 278 Abs. 2, 283 Abs. 2, § 47 GKG — kann hier außer Betracht bleiben, da sie nicht in Beziehung zum rechtlichen Gehör steht.

Die Zurückweisung nachträglichen Vorbringens unterliegt nach § 279 Abs. 1 dem Handlungsermessen des Gerichts, wenn durch die

---

[3] Nach dem Verständnis der h. M. (*Baumbach - Lauterbach* § 767 Anm. 5 m. w. N.) knüpft § 767 Abs. 3 den Ausschluß der bekannten Einwendungen nicht an ein Prozeßstadium (Klagerhebung), sondern fordert nur die Geltendmachung dieser Einwendungen in einem einzigen Prozeß. Obwohl der Wortlaut es nahelegt, ist die Vorschrift daher nicht Ausdruck der Eventualmaxime.
[1] Novellen von 1909, 1924 und 1933.
[2] Zu diesen Vorschriften oben B 3 und unten B 7.

Zulassung der Prozeß verzögert würde und nach der freien Überzeugung des Gerichts die Partei das Angriffs- oder Verteidigungsmittel in Verschleppungsabsicht oder aus grober Nachlässigkeit nicht früher vorgebracht hat. Für das nachträgliche Vorbringen von Beweismitteln und Beweiseinreden verweist § 283 Abs. 2 auf § 279. Nach § 272 hat jede Partei solche tatsächlichen Behauptungen, Beweismittel und Anträge, auf die der Gegner voraussichtlich ohne vorhergehende Erkundigung keine Erklärung abgeben kann, vor der mündlichen Verhandlung mittels vorbereitenden Schriftsatzes so zeitig mitzuteilen, daß der Gegner die erforderlichen Erkundigungen noch einzuziehen vermag. Der Verstoß gegen diese prozessuale Last kann gemäß § 279 Abs. 2 ebenfalls mit der Zurückweisung geahndet werden, wenn die in § 279 Abs. 1 genannten Voraussetzungen erfüllt sind[3]. Hält das Gericht bestimmte Punkte für aufklärungsbedürftig, so soll es nach § 279a Satz 1 den Parteien aufgeben, sich innerhalb bestimmter Frist über diese Punkte zu äußern. Diese Erklärungen können nach § 279a Satz 2 ebenfalls unberücksichtigt bleiben, wenn sie nicht innerhalb der gesetzten Frist erfolgen und die Partei ihre Verspätung nicht genügend entschuldigt.

In der Berufungsinstanz können grundsätzlich neue Angriffs- und Verteidigungsmittel vorgebracht werden (Novenrecht), § 529 Abs. 1. Hätten sie bereits im ersten Rechtszug geltend gemacht werden können, so sind sie gemäß § 529 Abs. 2 nur dann zuzulassen, wenn ihre Berücksichtigung die Erledigung des Rechtsstreites nicht verzögert und nach der freien Überzeugung des Gerichts die Partei ihr Vorbringen weder in Verschleppungsabsicht noch aus grober Nachlässigkeit in der ersten Instanz unterlassen hatte[4]. Diese Regelung unterscheidet sich von § 279 Abs. 1 trotz gleichlautender Voraussetzungen darin, daß die Zulassung als Ausnahme formuliert ist, vor allem aber ist die Entschließung über die Zurückweisung dem Handlungsermessen des Gerichts entzogen. § 529 Abs. 2 findet auch dann Anwendung, wenn der Berufungskläger das neue Vorbringen nicht in der Berufungsbegründung mitgeteilt hatte, § 529 Abs. 3. Gemäß § 528 Satz 1 dürfen prozeßhindernde Einreden, auf welche die Partei wirksam verzichten kann, nur geltend gemacht werden, wenn die Partei glaubhaft macht, daß sie ohne ihr Verschulden außerstande gewesen sei, sie im ersten Rechtszuge vorzubringen. Gleiches gilt nach § 528 Satz 2, wenn bei vermögensrechtlichen Ansprüchen für die Klage ein ausschließlicher Gerichtsstand oder die Zuständigkeit eines Arbeitsgerichts begründet ist, von der Einrede der Unzuständigkeit des Gerichts, sofern der Beklagte im

---

[3] Hierzu zuletzt OLG Köln NJW 1973, 1847.
[4] Hierzu BVerfGE 36, 92 (98 ff.) m. Anm. *Joost* NJW 1974, 1502; BGH NJW 1971, 1040; OLG Köln NJW 1971, 2234 (L) m. Anm. *Weber* in NJW 1972, 1405.

ersten Rechtszuge zur Hauptsache mündlich verhandelt hat. Für das Verfahren in Ehesachen schreibt § 626 vor, daß die Bestimmungen über die Zurückweisung verspäteten Vorbringens in der Berufungsinstanz nur insoweit anzuwenden sind, als der Berufungskläger sein neues Vorbringen entgegen § 519 nicht in der Berufungsbegründung mitgeteilt oder die Partei nach der freien Überzeugung des Gerichts in der Absicht, den Prozeß zu verschleppen, ihre Angriffs- oder Verteidigungsmittel nicht früher vorgebracht hat. Diese Vorschrift gilt auch für das Verfahren in Kindschaftssachen, § 640 Abs. 1.

Die genannten Präklusionen scheinen in Widerspruch zu den Grundsätzen des rechtlichen Gehörs zu stehen. Zwar wird das Recht der Parteien, sich vor Erlaß einer Entscheidung zu deren Grundlagen äußern zu können, nicht unmittelbar eingeschränkt, das Gericht kann sich aber unter den genannten Voraussetzungen von seiner Verpflichtung befreien, die Ausführungen zur Kenntnis zu nehmen und der Entscheidung zugrunde zu legen. Die Lösung dieses Widerspruches ergibt sich aus dem Wortlaut der angeführten Vorschriften. Übereinstimmend eröffnen §§ 279 Abs. 1 und 283 Abs. 2 die Präklusion nur gegenüber nachträglich vorgebrachtem Prozeßstoff. § 279 a Satz 2 spricht von einer später nachgeholten Erklärung. Sowohl § 279 Abs. 1 als auch § 626 enthalten die Wendung „nicht früher vorgebracht". Schließlich lassen § 529 Abs. 2 und 3 die Zurückweisung ausdrücklich nur gegenüber solchem Vorbringen zu, das „im ersten Rechtszug hätte geltend gemacht werden können". Aus diesen Formulierungen folgt notwendig, daß zuvor für die betroffene Partei eine Gelegenheit zur Äußerung bestanden haben muß und daß diese Gelegenheit ungenutzt blieb. Da dem Anspruch auf Gehör aber genügt ist, wenn im Laufe des Verfahrens zu einer bestimmten Frage wenigstens einmal die Gelegenheit zur Anhörung geboten wurde, steht somit bereits fest, daß die mit der Zurückweisung nachträglichen Vorbringens einhergehende Beschränkung des rechtlichen Gehörs nicht dem Grundsatz zuwiderläuft. Er verlangt nicht, daß die Beteiligten die angebotene Möglichkeit zur Äußerung tatsächlich wahrnehmen und gewährt auch kein zeitlich unbegrenztes Gehör. Es kommt hinzu, daß ein nachträgliches Vorbringen nur dann außer acht gelassen werden kann, wenn die betreffende Partei die Umstände, die zu der Verzögerung führten, selbst zu vertreten hat: mangelnde Entschuldigung (§ 279 a), grobe Nachlässigkeit oder Absicht der Verschleppung (§§ 279, 529).

Zusammenfassend ist festzustellen, daß die mögliche Zurückweisung nachträglichen Vorbringens zwar das rechtliche Gehör zeitlich einschränkt[5], aber nicht in Widerspruch zu diesem Grundsatz steht[6].

---

[5] Die von *Kurth* S. 119 vertretene gegenteilige Auffassung widerspricht seinen vorhergehenden Ausführungen.

7. Der Grundsatz der sog. Parteiöffentlichkeit[1]

Das Prinzip der Parteiöffentlichkeit berechtigt die Parteien, von den Handlungen des Gerichts dadurch Kenntnis zu erlangen, daß sie allen gerichtlichen Verhandlungen, insbesondere aber den Beweisaufnahmen beiwohnen und Einsicht in die Prozeßakten, vor allem die Protokolle, erhalten können. Hierzu verhilft den Parteien § 357 Abs. 1. Die Bedeutung dieser Vorschrift zeigt sich im Hinblick auf § 367 Abs. 1: die Beweisaufnahme erfordert nicht die Anwesenheit der Parteien. Wenn § 357 gleichwohl das Recht zur Anwesenheit garantiert, gibt er Gelegenheit, von der Beweisaufnahme unmittelbar Kenntnis zu nehmen. Diese Kenntnis ist Voraussetzung für eine wirksame Wahrnehmung des rechtlichen Gehörs im weiteren Verfahrensverlauf, denn ohne zureichende Information ist es den Parteien nicht möglich, auf das Verfahren und sein Ergebnis Einfluß zu nehmen. Insoweit dient § 357 Abs. 1 der Realisierung des Gehörs[2].

Im gleichen Sinne gewährleistet § 357 Abs. 2 das rechtliche Gehör durch die Vorschrift, bei Übertragung der Beweisaufnahme auf ein Mitglied des Prozeßgerichts (beauftragter Richter) oder ein anderes Gericht (ersuchter Richter) sei die Terminsbestimmung den Parteien mitzuteilen.

Die Gelegenheit zu lückenloser Information über das Beweisaufnahmeverfahren bezeichnet jedoch nicht den vollen Umlauf der Garantiefunktion des § 357. Die Anwesenheit ermöglicht es den Parteien zugleich, durch Hinweise und Fragen Einfluß auf das Beweisverfahren und sein Ergebnis zu nehmen. Beim Zeugenbeweis können die Parteien dem Zeugen nach Maßgabe der §§ 397, 398 Fragen vorlegen lassen oder unmittelbar an ihn richten. Dieselbe Regelung gilt nach § 402 für den Beweis durch Sachverständige und nach § 451 für den Beweis durch Parteivernehmung. Auch bei der Augenscheineinnahme und dem Urkundenbeweis können die Parteien durch Hinweise an das Gericht auf das Beweisverfahren einwirken[3]. Indem diese Vorschriften den Parteien Gelegenheit bieten zur Mitwirkung an der Beweisaufnahme und dadurch zur Einflußnahme auf das gesamte Verfahren, dienen sie dem Gehör[4].

---
[6] BVerfGE 36, 92 (98); OLG Köln NJW 1973, 1847 f.; *Blomeyer* § 16 II 6; *Rosenberg - Schwab* § 85 VI; *Löwe* S. 243; s. a. OLG Nürnberg NJW 1972, 2274: fehlerhafte Anwendung des § 279 führt zur Verweigerung des rechtlichen Gehörs. Zum konkreten Fall vgl. die abl. Anm. *Schlicht* NJW 1973, 519.
[1] Die Parteiöffentlichkeit stimmt mit der Öffentlichkeit der §§ 196 ff. GVG lediglich darin überein, daß beide Grundsätze die Anwesenheit und Information betreffen. Im übrigen dient die Öffentlichkeit der Durchsichtigkeit, der Kontrolle des Verfahrens durch Unbeteiligte, die Parteiöffentlichkeit hingegen besteht allein im Interesse der Prozeßbeteiligten.
[2] *Blomeyer* § 22 III; *Schönke - Kuchinke* § 8 V 4; *Brüggemann* JR 1969, 366.
[3] *Stein - Jonas - Schumann / Leipold* § 357 Anm. I.

B. Allgemeine Vorschriften und Verfahren im ersten Rechtszuge

Im Zusammenhang mit der Verhandlungsmaxime und der Verfahrenskonzentration wurde § 272 b erwähnt. Die in dieser Vorschrift angeordnete Vorbereitung der mündlichen Verhandlung bezieht sich überwiegend auf die Beweisaufnahme, Abs. 2 Nr. 2 - 5, die in zwei Fällen sogar schon vor der mündlichen Verhandlung durchgeführt werden kann: Abs. 2 Nr. 4 und 5. Von den Ausnahmen der Nr. 1 und 3 abgesehen, findet die Vorbereitung ohne die Parteien statt. Die in § 272 b Abs. 4 Satz 1 angeordnete Parteiöffentlichkeit sichert ihnen aber Kenntnis und damit wirksames Gehör.

Das Prinzip der Parteiöffentlichkeit verhilft den Parteien auch zu nachträglicher Information, denn ihnen steht das Recht auf Einsicht in die Prozeßakten zu, § 299 Abs. 1. Auch diese Bestimmung gewährleistet durch Vermittlung der Kenntnis rechtliches Gehör[5].

Problematisch ist die Einsichtnahme in die sog. Beiakten, also jene Akten, die das Gericht auf Antrag oder von Amts wegen von einem anderen Gericht oder einer Behörde beigezogen hat. Werden diese Akten mit der Maßgabe übersandt, daß nur das Gericht, nicht aber die Parteien Einsicht nehmen dürfen, so ist das entscheidende Gericht an diese Anordnung gebunden[6]. Würde es die Akten verwerten, so wäre den Parteien mit Verweigerung der Kenntnisnahme zugleich das rechtliche Gehör versagt. Die Anforderungen dieses Grundsatzes verbieten daher die Berücksichtigung der Beiakten[7].

Der Einsichtnahme nicht zugänglich sind gemäß § 299 Abs. 3 die Entscheidungsentwürfe sowie die Unterlagen über Abstimmungen. Da es sich bei diesen Schriftstücken nur um vorbereitende Unterlagen handelt, die Entscheidungen aber bekannt gegeben werden, steht diese Regelung mit dem Gehörgrundsatz in Einklang.

8. Die Selbstablehnung des Richters

§ 48 enthält die einzige Bestimmung der Zivilprozeßordnung, die beiden Parteien das Gehör versagt. Im Gegensatz zu den §§ 42 - 47

---

[4] BVerfGE 9, 256 (258); *Baumann* S. 51 f.; *Grunsky* § 42 I 1 spricht von enger Nachbarschaft zum rechtlichen Gehör. Für das Verfahren in der Freiwilligen Gerichtsbarkeit OLG Köln OLGZ 1965, 134 (135).

[5] BVerfGE 8, 184 (185); 28, 10 (14); *Maunz - Dürig* Art. 103 RZ 61; *Schönke - Kuchinke* § 8 V 4; *Brüggemann* JR 1969, 368; *Henckel* ZZP 77, 341; *Kurth* S. 149 f.; *Röhl* NJW 1958, 1247. Für andere Verfahrensarten: BVerfGE 18, 399 (405); BVerwGE 2, 343; BSG AP Nr. 1 zu Art. 103 GG (m. Anm. *Dürig*); BayObLGZ 6, 114 (116 f.).

[6] BGH LM Nr. 1 zu § 299 ZPO = NJW 1952, 305 f.

[7] *Stein - Jonas - Schumann / Leipold* § 299 Anm. II 1; *Blomeyer* § 77 II 1 d; *Schönke - Kuchinke* § 8 V 4; *Baumann* S. 52; der BGH (FN 6) kommt zum selben Ergebnis, erwähnt aber nicht das rechtliche Gehör.

wird in § 48 Abs. 1 die Ablehnung eines Richters ohne Gesuch geregelt; die Selbstablehnung und die Ablehnung von Amts wegen.

Werden Ablehnungsgründe von einer Partei geltend gemacht, so ist vor der Entscheidung über das Gesuch rechtliches Gehör zu gewähren, insbesondere dürfen Tatsachen und Beweisergebnisse, die das Gericht der dienstlichen Äußerung des abgelehnten Richters entnommen hat, nur dann verwertet werden, wenn die ablehnende Partei zu dieser dienstlichen Äußerung Stellung nehmen konnte[1]. Die Entscheidung über die Selbstablehnung ergeht hingegen gemäß § 48 Abs. 2 ohne Gehör der Parteien.

Der Bundesgerichtshof hat diese Bestimmung für vereinbar gehalten mit Art. 103 Abs. 1 GG[2]. In der Literatur hat sich keine Gegenstimme erhoben[3]. Gleichwohl bestehen erhebliche Bedenken gegenüber dieser Auffassung.

Der Bundesgerichtshof begründet seine Entscheidung dreifach: Art. 103 Abs. 1 GG gewähre zwar den Beteiligten eine Teilnahme an den die Entscheidung selbst vorbereitenden prozessualen Vorgängen, doch könne dies nur gelten, soweit es sich um bereits anhängige Verfahren handele. Aus Art. 103 Abs. 1 GG folge nicht die Verpflichtung, die Prozeßbeteiligten an allgemeinen Maßnahmen der Gerichtsverwaltung und insbesondere der gerichtlichen Selbstverwaltung teilnehmen zu lassen, die die Einsetzung des gesetzlichen Richters beträfen. Um eine solche innere Angelegenheit handele es sich aber bei der Selbstablehnung nach § 48. Ferner diene die Nichtanhörung der Parteien dem Schutz der persönlichen Belange und Bedenken des Richters, indem sie die Erörterung „unerquicklicher Fragen" verhindere. Schließlich werde durch den Ausschluß der Parteien in manchen Fällen eine Befriedung der Sache erreicht.

Diese Gründe überzeugen nicht. Ohne weiteres ist ersichtlich, daß die beiden letztgenannten Argumente schon von vornherein nicht geeignet sind, eine mögliche Grundrechtseinschränkung zu rechtfertigen. Im übrigen wird nicht deutlich, aus welchem Grunde der Schutz des Richters und der Sache im Verfahren nach §§ 42 - 47 ohne Bedeutung bleiben, hier aber entscheidenden Einfluß ausüben sollen. Wenn ein Schutzbedürfnis besteht, dann jedenfalls in beiden Verfahren.

Soweit der Bundesgerichtshof sich auf Art. 103 Abs. 1 GG bezieht, verfehlt er das eigentliche Problem, indem er übersieht, daß hier nicht die Entscheidung des gesamten Rechtsstreits, sondern die nach § 48

---
[1] BVerfGE 24, 56 (62).
[2] BGH NJW 1970, 1644.
[3] *Stein - Jonas - Pohle* § 48 Anm. II; *Zöller - Vollkommer* § 48; *Baumbach - Lauterbach* § 48 Anm. 2; *Thomas - Putzo* § 48 Anm. 2 a; *Prager* AcP 153, 173; *Kurth* S. 62.

B. Allgemeine Vorschriften und Verfahren im ersten Rechtszuge

zu treffende Entscheidung den Anspruch auf Gehör auslöst. Auf die Anhängigkeit des Hauptverfahrens kann in keinem Fall abgestellt werden, da nur im anhängigen Prozeß ein Selbstablehnungsverfahren in Betracht kommt.

Das Problem der Vereinbarkeit von § 48 Abs. 2 mit Art. 103 Abs. 1 GG konzentriert sich vielmehr auf die Frage, ob die Entscheidung über die Selbstablehnungsanzeige geeignet ist, die Parteien des Hauptverfahrens zu beschweren. In Betracht kommt eine denkbare Verletzung des Anspruchs auf den gesetzlichen Richter. Der Schutzbereich dieses Grundrechts wird in Rechtsprechung und Lehre unterschiedlich beurteilt.

Das Bundesverfassungsgericht[4] vertritt in ständiger Rechtsprechung die Ansicht, Art. 101 Abs. 1 Satz 2 GG gewährleiste nicht nur den gesetzlich zuständigen, sondern auch den unbeteiligten und unparteiischen Richter. Hiernach dienen die Vorschriften der §§ 42-48 der Garantie des gesetzlichen Richters. Infolgedessen wäre Art. 101 Abs. 1 Satz 2 GG grundsätzlich[5] verletzt, wenn aufgrund fehlerhafter Entscheidung ein tatsächlich ausgeschlossener oder befangener Richter judizierte. Diese drohende Rechtsverletzung würde entgegen § 48 Abs. 2 die Anhörung der Parteien erfordern.

Kritisiert wird diese extensive Auslegung des Art. 101 Abs. 1 Satz 2 GG namentlich von *Bettermann*[6]. Nach seiner Auffassung beschränkt sich die Garantie des gesetzlichen Richters auf eine normative Zuständigkeitsordnung und deren strikte Einhaltung. Nur der gesetzlich zuständige, nicht aber der gesetzmäßige Richter werde gewährleistet. Der iudex inhabilis vel suspectus sei ein zuständiger Richter. Nach Ansicht *Bettermanns* kann folglich die unzutreffenderweise den Ausschluß oder die Befangenheit verneinende Entscheidung nicht gegen Art. 101 Abs. 1 Satz 2 GG verstoßen.

Der Streit um den Anwendungsbereich des Grundrechts auf den gesetzlichen Richter kann jedoch an dieser Stelle auf sich beruhen. Das Verfahren nach § 48 birgt nicht nur die eine Gefahr, daß Ausschluß oder Befangenheit verkannt werden, sondern auch die andere, daß ein nicht ausgeschlossener oder nicht befangener Richter zu Unrecht dem Verfahren entzogen wird. Dieser Richter aber ist unstreitig gesetzlich zuständig. Die ihn ablehnende Entscheidung entzieht den Parteien des Hauptprozesses somit den gesetzlichen Richter. Da diese Rechts-

---

[4] E 4, 412 (417); 11, 1 (4); 21, 139 (146); 23, 91; 30, 149 (153); 31, 145 (164).
[5] Die Entscheidung müßte zudem auf Willkür beruhen, vgl. BVerfGE 31, 145 (164).
[6] AöR 94, 269 ff.; ihm folgend *Kollhosser* S. 73 ff.

verletzung nicht generell ausgeschlossen werden kann, ist die Entscheidung nach § 48 grundsätzlich geeignet, die Parteien zu beschweren. Sie haben daher Anspruch auf Gehör vor der Entscheidung.

Da die Zivilprozeßordnung diesem Anspruch nicht Rechnung trägt, ihn vielmehr ausschließt, ist der Kernbereich des Art. 103 Abs. 1 GG berührt. Die Bestimmung des § 48 Abs. 2 ist mit der grundrechtlichen Garantie unvereinbar und also verfassungswidrig. Aus Art. 103 Abs. 1 GG unmittelbar folgt das Recht auf Gehör im Verfahren nach § 48.

9. Der Anwaltszwang

Vor allen Kollegialgerichten müssen die Parteien sich durch einen bei dem Prozeßgericht zugelassenen Rechtsanwalt vertreten lassen, § 78 Abs. 1. Von Ausnahmen abgesehen — §§ 78 Abs. 2, 85 Satz 2, 137 Abs. 4 — sind eigene Prozeßhandlungen der Parteien aufgrund ihrer mangelnden Postulationsfähigkeit unwirksam. Der Anwaltszwang nimmt den Parteien die Möglichkeit, persönlich im Verfahren Stellung zu beziehen, ihr Vortrag wird vom Gericht nicht zugelassen. Das führt zu der Frage, ob § 78 Abs. 1 mit dem rechtlichen Gehör vereinbar ist, das nach dem Grundgesetz „jedermann" soll beanspruchen können. Die Antwort geben § 3 Abs. 1 BRAO und § 78 Abs. 1 selbst: der Anwalt ist Vertreter der Partei. Von ihm vorgenommene Prozeßhandlungen und tatsächliche Erklärungen werden der Partei ebenso zugerechnet, wie wenn sie selbst tätig geworden wäre, § 85. Indem der Anwalt im Namen seines Mandanten Erklärungen abgibt, vertritt er ihn in der Ausübung des Rechtes auf Gehör. Der Anwaltszwang schränkt diesen Grundsatz nicht ein, sondern schreibt lediglich eine besondere Form der Wahrnehmung vor. § 78 Abs. 1 ist mit dem rechtlichen Gehör vereinbar[1].

Die vorgeschriebene Ausübung des Gehöranspruchs durch einen Prozeßbevollmächtigten ist aber nicht nur zulässig, sie dient dem rechtlichen Gehör darüber hinaus durch erhöhte Wirksamkeit der Stellungnahmen aufgrund ihrer qualitativen Verbesserung. Der gleiche Gedanke, der dem Anwaltszwang zugrunde liegt: die rechtskundige Fürsorge für die Partei[2], kommt auch dem Gehör zugute und führt zu effektiver Wahrnehmung der gebotenen Äußerungsgelegenheiten[3].

---

[1] BayVerfGH 6, 136 (142); 23, 177 (180); *Thomas - Putzo* Einl. I 4 c; *Kurth* S. 64; *Röhl* NJW 1953, 1533 und NJW 1958, 1273. s. a. *Maunz - Dürig* Art. 103 RZ 74 f.

[2] *Rosenberg - Schwab* § 29 II.

[3] *Arndt* NJW 1959, 1300; *Kurth* S. 64; *Lerche* ZZP 78, 18; s. a. *Zeuner* S. 1034. Zum vereinsrechtlichen Verfahren BGHZ 55, 381 (391) = NJW 1971, 879.

Im Verfahren mit freigestellter Prozeßvertretung, § 79, führen die genannten Vorteile zu dem Problem, ob sich aus dem Grundsatz rechtlichen Gehörs ein Anspruch auf Beiordnung eines Anwaltes ergeben kann. Ein solches Recht ist unter Berufung auf die Subjektstellung der Beteiligten[4] und die Effektivität des Gehörs[5] bejaht worden. Diese Folgerung führt jedoch zu weit. Sie übersieht, daß den Diensten, die eine sachkundige Stellvertretung dem rechtlichen Gehör zu leisten vermag, lediglich eine spezielle Form der Wahrnehmung zugrunde liegt. Der Grundsatz fordert aber nur die Gelegenheit zur Äußerung, über ihre Form besagt er nichts. Er verlangt also nicht das rechtliche Gehör gerade durch Vermittlung eines Anwalts[6]. Der gleiche Grund steht auch der weitergehenden Ansicht *Arndts*[7] entgegen, Art. 103 Abs. 1 GG enthalte die institutionelle Garantie der unabhängigen Rechtsanwaltschaft und der Freiheit in der Wahl des Rechtsanwaltes.

10. Das Armenrecht

Aus dem Gleichheitssatz des Art. 3 Abs. 1 GG folgt das Gebot weitgehender Angleichung von Bemittelten und Unbemittelten bei der Verwirklichung des Rechtsschutzes[1]. Diesem Gebot entspricht das Armenrecht, indem es einstweilige Befreiung von Gerichtskosten und sonstigen Auslagen, Freistellung von Sicherheitsleistung sowie vorläufig unentgeltliche Beiordnung eines Anwaltes ermöglicht, § 115 Abs. 1. Wird das Armenrecht bewilligt, so ermöglicht es der unbemittelten Partei die Führung des Prozesses und damit die Wahrnehmung des Gehörs im Prozeß. Die naheliegende Frage, ob aus diesem Grunde das Armenrecht Gehör gewährleistet, ist unter einem besonderen Aspekt umstritten. Aus der genannten Verknüpfung wird überwiegend[2] der Schluß gezogen, daß in Verfahren mit Anwaltszwang aus Art. 103 Abs. 1 GG die grundsätzliche Anerkennung des Armenrechts folge, durch die unterlassene Beiordnung wegen Verweigerung des Armenrechts also das Gehör versagt werden könne. Demgegenüber hält *Pohle*[3] insoweit die Grenzen des Art. 103 GG für überschritten. Eine Antwort auf diese Frage soll für Kläger und Beklagten getrennt gesucht werden.

---

[4] *Arndt* NJW 1959, 7 f. und 1300.
[5] *Lerche* ZZP 78, 18; vgl. a. *Ule* DVBl 1959, 544.
[6] BVerfGE 9, 124 (132); 31, 297 (301); 31, 306 (308); 38, 105 ff.
[7] *Adolf Arndt* NJW 1959, 7 f. und 1300; gegen ihn *Zeuner* S. 1034 FN 66.
[1] BVerfGE 2, 336 (340); 9, 124 (130 f.); 10, 264 (270); 22, 83 (86); *Maunz - Dürig* Art. 3 Abs. 1 RZ 46.
[2] *Maunz - Dürig* Art. 103 Abs. 1 RZ 75 (anders aber RZ 88); *Blomeyer* § 16 II 4; *Schönke - Kuchinke* § 8 III 3; *Henckel* ZZP 77, 325; *Ule* DVBl 1959, 544; vgl. a. BVerfGE 7, 53 (56); 9, 124 (132); 9, 256 (259); *Hamann* AnwBl 1958, 146; *Zeuner* S. 1034.
[3] *Stein - Jonas - Pohle* Vorbem. IX 2 c vor § 128; s. a. *Löwe* S. 150 ff.

a) Das Armenrecht für den Kläger

Durch Gewährung des Armenrechts wird im Anwaltsprozeß der unbemittelte Kläger in die Lage versetzt, Klage erheben und das angestrebte Verfahren in Gang setzen zu können. Das Armenrecht verschafft ihm Zugang zum Gericht und erfüllt insoweit den Anspruch auf Justizgewährung[4]. Die rechtsstaatliche Seite dieses Anspruches richtet sich auf Eröffnung eines Rechtsweges, auf Bereitstellung eines justizförmigen Verfahrens und auf Tätigwerden der Justizorgane[5]. Die sozialstaatliche Ergänzung erfolgt durch das Armenrecht[6]. Ob sich für den Kläger mit der Armenrechtsbewilligung zugleich sein Anspruch auf Gehör verwirklicht, hängt von dem Verhältnis beider Ansprüche zueinander ab. Es wird unterschiedlich beurteilt.

Für *Baur*[7] enthält Art. 103 Abs. 1 GG den verfassungsrechtlichen Schutz des Justizgewährleistungsanspruches. Folgte man dieser Ansicht, so würde das Armenrecht, indem es dem Kläger die Klageerhebung ermöglicht und damit Justizgewährung garantiert, zugleich das Recht auf Gehör realisieren. Die Gegenmeinung[8] entnimmt dem Grundsatz des Gehörs lediglich die Garantie der Anhörung in einem gerichtlichen Verfahren, nicht aber das Recht auf dessen Einleitung. Die Armenrechtsbewilligung erschöpft sich hiernach in der Justizgewährung.

Baur stützt seine Ansicht auf drei Gesichtspunkte. Ein erstes Argument entnimmt er dem Wortlaut des Art. 103 Abs. 1 GG. Da diese Vorschrift nicht von beiderseitigem Gehör spreche, setze sie nicht ein in Gang befindliches Verfahren voraus, der Anspruch umfasse somit das Recht auf Anrufung des Gerichts[9]. Abgesehen davon, daß Art. 103 GG gerade das beiderseitige Gehör meint[10], spricht die Wortstellung gegen *Baurs* Argument. Wenn es heißt: „Vor Gericht hat jedermann Anspruch auf rechtliches Gehör", dann liegt die Betonung auf den beiden ersten Worten. Legt man die Deutung *Baurs* zugrunde, so müßte es viel eher heißen: „Jedermann hat Anspruch auf rechtliches Gehör vor Gericht[11]."

---

[4] BGHZ 37, 113 (120); *Maunz - Dürig* Art. 3 Abs. 1 RZ 389; *Stein - Jonas - Pohle* Vorbem. IX 2 a vor § 128; *Bettermann* ÖJBl 1972, 64.

[5] *Stein - Jonas - Pohle* Einl. E I 2; *Bettermann* Grundrechte S. 784; *Blomeyer*, Rechtsschutzanspruch S. 61; *Schönke - Kuchinke* § 3 II.

[6] BVerfGE 1, 109 (111); 9, 124 (131); 22, 83 (86); *Bettermann* ÖJBl 1972, 64.

[7] *Baur* AcP 153, 396 ff.

[8] *Maunz - Dürig* Art. 103 RZ 88; *Stein - Jonas - Pohle* Einl. E I 2 und Vorbem. IX 1 vor § 128; *Rosenberg - Schwab* § 85 I; *Bettermann* JZ 1962, 676; *Lerche* ZZP 78, 6 ff.; *Zeuner* S. 1016 ff.

[9] *Baur* AcP 153, 396 ff.; ihm folgend *Dahs* S. 9.

[10] Das ergibt sich schon daraus, daß das Recht auf Gehör den gesamten Sachverhalt — also auch das Vorbringen des Gegners — umfaßt, audiatur et altera pars. s. a. BVerfGE 19, 32 (36); *Maunz - Dürig* Art. 103 RZ 31.

B. Allgemeine Vorschriften und Verfahren im ersten Rechtszuge

Baur verweist des weiteren auf Art. 6 Abs. 1 Satz 1 der Europäischen Menschenrechtskonvention: „Jedermann hat Anspruch darauf, daß seine Sache in billiger Weise öffentlich und innerhalb einer angemessenen Frist gehört wird, und zwar von einem unabhängigen und unparteiischen, auf Gesetz beruhenden Gericht, das über zivilrechtliche Ansprüche und Verpflichtungen oder über die Stichhaltigkeit der gegen ihn erhobenen strafrechtlichen Anklage zu entscheiden hat." Nach *Baur*[12] liegt dieser Vorschrift die Erkenntnis zugrunde, daß die Gewährung rechtlichen Gehörs entscheidend von einem Grundrecht auf Zugang zu einem Gericht und auf dessen Entscheidung abhängig sei. Die zusammengefaßte Garantie von Justizgewährung und Gehör in Art. 6 der Menschenrechtskonvention besagt aber, worauf *Zeuner* bereits hingewiesen hat, nichts über das Verhältnis der beiden Ansprüche zueinander[13]. Auch hier spricht die Formulierung gegen *Baurs* Auffassung. Die Wendung „und zwar" sowie die folgenden, an das Gericht gestellten besonderen Voraussetzungen der Unabhängigkeit, der Unparteilichkeit und der gesetzlichen Grundlage verdeutlichen weitere Gewährleistungen, die weit über das rechtliche Gehör hinausgehen[14].

Die Ansicht *Baurs* gründet wesentlich auf der Erwägung, die Einbeziehung des Justizgewährleistungsanspruches in den Grundsatz des Gehörs verhelfe jenem zu dem notwendigen verfassungsrechtlichen Schutz[15]. Diesem Argument ist zu widersprechen. Dabei kann die Grundlage des Rechtes auf Justizgewährung außer Betracht bleiben[16]. Der Hinweis *Dürigs*[17] auf den durch Art. 19 Abs. 4 GG und § 13 GVG gewährten Rechtsschutz vermag die Argumentation *Baurs* allerdings nicht zu entkräften, sie dient eher als Stütze, denn ein verfassungsrechtlich lückenloser Schutz ist durch *diese* Vorschriften nicht verbürgt[18]. Entscheidende Bedeutung kommt aber der Erwiderung *Zeuners*[19] zu, die Rechtsweggarantie, die Art. 19 Abs. 4 GG für Rechtsverletzungen durch die öffentliche Gewalt gebe, könne nicht von einer durch Art. 103 GG umfaßten Gewährleistung des Rechtsweges in sämtlichen

---

[11] Hierauf hat bereits *Löwe* S. 103 verwiesen.
[12] *Baur* AcP 153, 399; ihm folgend *Dahs* S. 10.
[13] *Zeuner* S. 1017. Nicht haltbar ist die Ansicht *Kurths* (S. 49), Art. 6 MRK enthalte nur den Justizgewährleistungsanspruch.
[14] *Zeuner* S. 1017 f.; im Ergebnis ebenso: *Maunz - Dürig* Art. 103 RZ 88 und 97; *Stein - Jonas - Pohle* Vorbem. IX 4 vor § 128.
[15] *Baur* AcP 153, 396; *Dahs* S. 10.
[16] Hierzu: *Bettermann*, Grundrechte S. 559; *Bettermann* ÖJBl 1972, 65. Eine Übersicht über den Stand der Meinungen geben *Rosenberg - Schwab* § 3 I; *Blomeyer*, Rechtsschutzanspruch S. 63 ff.; *Dütz* S. 56 ff.
[17] *Maunz - Dürig* Art. 103 RZ 88.
[18] s. a. *Lerche* ZZP 78, 7; *Dütz* S. 79.
[19] *Zeuner* S. 1017.

Streitigkeiten überlagert werden. Eine derartige Forderung würde den Sinn des Art. 19 Abs. 4 GG in Frage stellen. Beide Vorschriften sind vielmehr deutlich voneinander abzugrenzen[20]; das Problem des Zugangs zum Gericht ist zu trennen von dem des Gehörs vor Gericht. Ob ein Verfahren verlangt werden kann, ist eine auch von Art. 19 Abs. 4 GG geregelte Frage; erst wenn er ein Verfahren fordert, ist auch rechtliches Gehör zu gewähren, Art. 103 GG[21].

Aus diesen Gründen ist die Ansicht *Baurs* abzulehnen. Art. 103 Abs. 1 GG schützt nicht den Justizgewährleistungsanspruch. Soweit das Armenrecht dem Kläger den Zugang zum Verfahren eröffnet, verhilft es allein seinem Justizanspruch zur Durchsetzung, nicht aber dem Recht auf Gehör[22]. Zwischen beiden Rechten besteht ein — gegenüber dem Verständnis *Baurs* — gerade umgekehrtes Verhältnis. Der Anspruch auf Justizgewährung beschränkt sich nicht auf den Zugang zum Verfahren, sondern garantiert zudem die Ausgestaltung dieses Verfahrens nach rechtsstaatlichen Grundsätzen. Daher umfaßt der Justizanspruch eine Anzahl weiterer Rechte[23], zu denen auch dasjenige auf Gehör zählt[24]. Mit dieser Garantie dient der Justizanspruch dem Ziel, effektiven Rechtsschutz zu gewähren[25], er stimmt darin mit dem umstrittenen[26] Anspruch auf Rechtsschutz überein[27]. Im Rahmen des Justizgewährungsanspruches sind jedoch die einzelnen Rechte zu trennen. Das Recht auf Zugang zum Verfahren besteht unabhängig von den im Verfahren gewährten Rechten, das Armenrecht realisiert nicht das rechtliche Gehör.

b) Das Armenrecht für den Beklagten

Obwohl das Armenrecht Kläger und Beklagtem unter gleichen Voraussetzungen und mit gleichen Wirkungen bewilligt wird, ist seine Funktion für den Beklagten gesondert zu prüfen. Dessen Situation unterscheidet sich von der eines solventen Gegners darin, daß der

---

[20] *Dütz* S. 77 f. mit historischer Begründung; *Lerche* ZZP 78, 19, der S. 16 ff. auch eine Gemeinsamkeit findet in dem Gedanken des schnellen und effektiven Rechtsschutzes; *Kolb* S. 59.
[21] *Lerche* ZZP 78, 29 für Verwaltungsverfahren.
[22] BGHZ 37, 113 (120); *Bettermann* ÖJBl 1972, 64; *Lerche* ZZP 78, 23 ff.; *Zeuner* S. 1034; *Kurth* S. 66.
[23] *Stein - Jonas - Pohle* Einl. E I 2.
[24] *Rosenberg* § 2 II 3 a; *Bernhardt* § 1 IV; *Bettermann* ÖJBl 1972, 65.
[25] *Stein - Jonas - Pohle* Einl. E I 2; *Blomeyer* § 1 III und Rechtsschutzanspruch S. 67; *Schönke - Kuchinke* § 3 II; *Lent - Jauernig* § 36 II; *Bettermann* ÖJBl 1972, 65.
[26] Ausführliche Darstellung des Steitstandes bei *Blomeyer*, Rechtsschutzanspruch S. 61 ff.
[27] *Blomeyer*, Rechtsschutzanspruch S. 68: es bestehe ein plus — minus — Verhältnis; vgl. a. *Stein - Jonas - Pohle* Einl. E I 3; *Bettermann* ÖJBl 1972, 65.

Antrag auf Bewilligung des Armenrechts erst nach Klageerhebung gestellt wird. Zu diesem Zeitpunkt hatte der Kläger bereits Gelegenheit, in der Klageschrift das Streitverhältnis darzulegen, sich also durch sein Rechtsschutzgesuch automatisch Gehör zu verschaffen. Durch Bewilligung des Armenrechts wird dieser Vorsprung kompensiert und der Beklagte davor bewahrt, von der Einwirkung auf das Verfahren ausgeschlossen zu sein. Er erhält Gelegenheit, vor einer ihn beschwerenden Entscheidung Stellung nehmen zu können. Diesem Gesichtspunkt trägt diejenige Auffassung Rechnung, die die Armenrechtsgewährung für Kläger und Beklagten differenzierend beurteilt und für diesen als Gewährung rechtlichen Gehörs ansieht[28]. Jedoch ist — wie für den Kläger — auch hier zu bedenken, daß der Anspruch auf rechtliches Gehör nur vor Gericht, also in einem bereits anhängigen Verfahren besteht. Dagegen ist der Anspruch auf Gewährung des Armenrechts vor jedem Verfahren begründet. Auch für den Beklagten ist dieser Anspruch auf Zugang zum Verfahren gerichtet, folgt er aus dem Justizgewährungsanspruch. Die Trennung zwischen Gehör- und Justizanspruch gilt nicht nur für den Kläger. Auch die Frage, inwieweit Rechte verteidigungsweise vor Gericht geltend gemacht werden können, wird allein vom Justizanspruch beantwortet[29]. In der Beurteilung des Armenrechts ist daher eine Differenzierung zwischen Kläger und Beklagtem nicht gerechtfertigt. Wie dort, so realisiert auch hier die Bewilligung des Armenrechts Waffengleichheit und Justizgewährung, nicht aber Gehör.

c) Das Armenrechtsbewilligungsverfahren

Von dem Verhältnis des rechtlichen Gehörs zur Bewilligung des Armenrechts ist die Frage zu unterscheiden, ob Gehör auch im Bewilligungsverfahren gewährleistet ist.

Die Zivilprozeßordnung hat die Anhörung des Antragstellers nicht ausdrücklich vorgeschrieben. Jedoch gibt die Regelung des § 118 Abs. 3, der Antragsteller habe in seinem Gesuch das Streitverhältnis unter Angabe der Beweismittel darzulegen, der armen Partei ausreichende Gelegenheit zur Stellungnahme. Es verwirklicht sich hier abermals das allgemeine Prinzip, daß ein Antragsteller, Kläger oder Beschwerdeführer sich durch seine Initiative, sein Rechtsschutzgesuch automatisch Gehör verschafft. Dies verkennt das Bundesverfassungsgericht[30], das davon ausgeht, die Bestimmungen des Armenrechtsverfahrens enthielten keine genügende Gewährleistung.

---

[28] *Bettermann* ÖJBl 1972, 64; *Zeuner* S. 1034; *Kurth* S. 66.
[29] *Stein - Jonas - Pohle* Vorbem. IX 2 a vor § 128.
[30] BVerfGE 20, 280 (282) und 20, 347 (349).

Im Gegensatz hierzu trifft § 118 a Abs. 1 Satz 2 eine ausdrückliche Anordnung über die Anhörung des Gegners. Es heißt dort, das Gericht solle den Gegner vor der Bewilligung des Armenrechts hören, wenn dies nicht aus besonderen Gründen unzweckmäßig erscheine. Die einschränkende Formulierung legt die Frage nahe, ob dieser Anhörung das Prinzip des rechtlichen Gehörs zugrunde liegt.

Gehör kann mindestens derjenige beanspruchen, der nach der maßgeblichen Verfahrensordnung an einem gerichtlichen Verfahren als Partei oder in ähnlicher Stellung beteiligt ist[31], denn er soll vor einer Entscheidung, die ihn beschweren kann, zu Worte kommen, um das Verfahren und sein Ergebnis beeinflussen zu können[32]. Die gesetzliche Ausgestaltung des Armenrechtsbewilligungsverfahrens läßt keinen Zweifel daran, daß ein streitiges Verfahren, in dem die Beteiligten Parteistellung einnehmen, nicht vorliegt. Dies ergibt sich zunächst aus den einzelnen Vorschriften des § 118 Abs. 1, läßt sich insbesondere aber auch der in § 127 getroffenen Regelung entnehmen, wonach der Antragsteller gegen die Versagung des Armenrechts Beschwerde einlegen kann, dem Gegner gegen die Bewilligung jedoch kein Rechtsmittel zusteht. Im Rahmen eines kontradiktorischen Verfahrens verstieße diese Unterscheidung eklatant gegen den Grundsatz der Waffengleichheit[33]. Sie läßt sich nur damit erklären, daß der Antragsgegner durch die Bewilligung regelmäßig nicht beschwert wird[34]. Der vom Gesetz in den §§ 118 a, 120 gewählten Bezeichnung „Gegner" kommt demgegenüber keine Bedeutung zu, da sie sich lediglich auf den anschließenden Prozeß bezieht[35].

Die weiterführende Frage, ob dem Gegner, da er nicht Partei ist, rechtliches Gehör deswegen zu gewähren sei, weil er eine parteiähnliche Stellung innehabe, wird unterschiedlich beantwortet. Im Anschluß an eine Entscheidung des Bayerischen Verfassungsgerichtshofes[36] wird die Auffassung vertreten, dem Antragsgegner sei im Hinblick auf seine besondere Stellung in diesem Verfahren rechtliches Gehör verbürgt[37]. Diese Entscheidung hat starke Kritik gefunden[38].

---

[31] BVerfGE 13, 132 (140); 17, 356 (361).
[32] BVerfGE 9, 89 (95).
[33] *Bettermann* JZ 1962, 676.
[34] *Bettermann* NJW 1964, 1007; vgl. auch die amtliche Begründung zum Entwurf des heutigen § 127 bei *Hahn* S. 209.
[35] *Bettermann* JZ 1962, 676.
[36] BayVerfGH 15, 8 ff. = NJW 1962, 627 = JZ 1962, 673 (m. abl. Anm. *Bettermann*) = DÖV 1962, 742 (m. zust. Anm. *Hildegard Krüger*).
[37] *Zöller - Mühlbauer* § 118 a Anm. 1 b; *Thomas - Putzo* Einl. I 4 a und 118 a Anm. 1 a; *Rosenberg - Schwab* § 85 III 5 b; *Zeiss* § 96 III 2; *Röhl* NJW 1964, 274 f.; s. a. OLG Frankfurt NJW 1962, 449 (m. abl. Anm. *Dunz* NJW 1962, 814).

B. Allgemeine Vorschriften und Verfahren im ersten Rechtszuge

Der Verfassungsgerichtshof stützt seine Ansicht darauf, daß das Gericht im Bewilligungsverfahren die Erfolgsaussicht der beabsichtigten Rechtsverfolgung oder -verteidigung zu prüfen hat. Diese Prüfung führe dazu, daß die arme Partei bereits in diesem Verfahren das Ziel verfolge, das sie im folgenden Prozeß zu erreichen hoffe, nämlich ihr tatsächliches oder vermeintliches Recht durchzusetzen. Da der Gegner den entgegengesetzten Standpunkt zu vertreten und seine Erfolgsaussicht darzulegen habe, stehe er schon in diesem Verfahren der armen Partei als Beteiligter gegenüber[39]. Antragsteller und Gegner befänden sich also bereits hier in einem Spannungsverhältnis, das demjenigen zwischen Kläger und Beklagtem im Urteilsverfahren ähnlich sei. Darüber hinaus habe der Gegner ein schutzwürdiges Interesse daran, daß ein nicht zu rechtfertigender Prozeß durch die Versagung des Armenrechts verhütet werde[40]. Aufgrund dieser besonderen Position sei ihm Gehör zu gewähren. Die Anhörung sei um so bedeutsamer, als die Bewilligung des Armenrechts gemäß § 127 Satz 1 unanfechtbar sei.

Es wurde bereits angedeutet, daß das zuletzt genannte Argument die Entscheidung nicht zu tragen vermag. Ließ sich aus der von § 127 angeordneten Ungleichbehandlung von Antragsteller und Gegner folgern, daß ein streitiges Verfahren nicht vorliegt, der Gegner also nicht Partei ist, dann kann mit Hilfe dieser Vorschrift nicht eine parteiähnliche Stellung begründet werden.

Das Gericht geht in seiner weiteren Argumentation zutreffend davon aus, daß die antragstellende Partei durch die Prüfung der Erfolgsaussicht bereits im Bewilligungsverfahren zur Verfolgung ihres Zieles gezwungen werde. Die hieraus gezogenen Schlüsse stehen jedoch nicht in Einklang mit der gesetzlichen Regelung. Diese läßt zunächst erkennen, daß die Bewilligung des Armenrechts die Interessen des Gegners nicht berührt. So hat gemäß § 117 die Gewährung des Armenrechts auf die Verpflichtung zur Erstattung der dem Gegner erwachsenden Kosten keinen Einfluß. Deutlicher kann nicht gesagt werden, daß zwischen den Beteiligten keine Wirkungen eintreten sollen, die die gegnerischen Interessen berühren[41]. Der Verfassungsgerichtshof tritt dem Hinweis auf § 117 mit dem Argument entgegen, es bestehe keine Gewähr dafür, daß es dem Gegner tatsächlich gelingen werde, seine Kosten von der armen Partei beizutreiben. Mit dieser der Praxis ent-

---

[38] *Bettermann* JZ 1962, 675 und NJW 1964, 1009; ihm folgend: *Stein - Jonas - Pohle* Vorbem. IX 2 a vor § 128 und § 118 a Anm. I 2; *Blomeyer* § 16 II 4; *Lent - Jauernig* § 96 III. s. a. RGZ 135, 110 (114); *Prager* AcP 133, 173; *Dunz* NJW 1962, 814.
[39] Ebenso *Rosenberg - Schwab* § 85 III 5 b.
[40] Ebenso *Röhl* NJW 1964, 274.
[41] RGZ 135, 110 (114); *Bettermann* JZ 1962, 677.

nommenen Begründung, die gleichermaßen auf solche Prozesse zutrifft, die ohne Armenrecht oder nach dessen Ablehnung geführt werden, ist über den gesetzlich festgelegten Charakter des Verfahrens jedoch nichts ausgesagt. Mag dieses Argument auch „formalistisch" erscheinen, so ergibt doch der Blick auf die in den §§ 115 - 116 b ausführlich geregelten Wirkungen des Armenrechts die Bestätigung dafür, daß sie zwar die arme Partei, nicht aber deren Gegner betreffen.

Die genannten Vorschriften weisen zugleich auf ein weiteres Moment hin, das von der Entscheidung des Bayerischen Verfassungsgerichtshofes nicht ausreichend berücksichtigt wird. Die Vergünstigungen für die arme Partei bewirken notwendig entsprechende Belastungen für die Justizkasse. Treten die Wirkungen der Armenrechtsbewilligung aber im Verhältnis zwischen Staatskasse und Antragsteller ein, so wird deutlich, daß im Verfahren nach § 118 a nicht Recht gesprochen, sondern eine staatliche Fürsorgeleistung bewilligt wird[42]. Dementsprechend ist die Gewährung des Armenrechts abhängig von den für die öffentliche Fürsorge charakteristischen Voraussetzungen der Bedürftigkeit und der Würdigkeit[43]. Die Armut des Antragstellers ist durch ein Zeugnis der Fürsorgebehörde nachzuweisen, § 118 Abs. 2. Die in § 114 Abs. 1 Satz 1 vorgeschriebene Prüfung der Erfolgsaussicht der beabsichtigten Rechtsverfolgung oder Rechtsverteidigung soll klären, ob das behauptete Rechtsschutzinteresse Unterstützung verdient. Da diese Voraussetzung am sachkundigsten von dem Gericht des künftigen Prozesses geprüft werden kann, folgt die entsprechende Regelung des § 118 Abs. 1 lediglich dem Gesichtspunkt der Zweckmäßigkeit. Der Richter übt demnach Sozialhilfe im Bereich der Rechtspflege aus[44]. Das Armenrechtsbewilligungsverfahren ist nur formell ein Gerichtsverfahren, materiell ein Verwaltungsverfahren[45].

Da sich aus der gesetzlichen Regelung einerseits der besondere Charakter dieses Verfahrens, andererseits das mangelnde Interesse des Gegners ergibt, ist die Ansicht des Verfassungsgerichtshofes abzulehnen. Der Gegner nimmt keine parteiähnliche Stellung ein, seine Anhörung dient der Auskunftserteilung im Rahmen der Würdigkeitsprüfung[46]. Rechtliches Gehör ist ihm aus *diesem* Grunde nicht zu gewähren[47].

---

[42] BVerfGE 9, 256 (258); 35, 348 (355); *Stein - Jonas - Pohle* § 118 a Anm. I 2; *Blomeyer* § 16 II 4; *Bettermann* JZ 1962, 675; *Dunz* NJW 1962, 814 f.
[43] *Bettermann* JZ 1962, 675.
[44] BVerfGE 35, 348 (354 ff.) zur verfassungsrechtlichen Legitimation.
[45] *Bettermann* JZ 1962, 675.
[46] *Stein - Jonas - Pohle* § 118 a Anm. I 2; *Blomeyer* § 16 II 4; *Bettermann* NJW 1964, 1009; *Brüggemann* JR 1969, 370; *Dunz* NJW 1962, 815; *Löwe* S. 335 f.
[47] s. a. BVerfGE 8, 253 (256).

Weitergehend ist aber zu fragen, ob der Gegner als Auskunftsperson in einem Verwaltungsverfahren Inhaber des Anspruches auf Gehör sein kann. Außer der Partei eines gerichtlichen Verfahrens oder einem Beteiligten in ähnlicher Stellung steht rechtliches Gehör demjenigen zu, der durch eine gerichtliche Entscheidung unmittelbar in seinen Rechten beeinträchtigt wird[48].

Dargelegt wurde bereits, daß die in den §§ 115 - 117 geregelten Wirkungen der Armenrechtsbewilligung nicht die Rechte des Antragsgegners berühren. Die in § 120 angeordnete einstweilige Kostenbefreiung des Gegners ist ausschließlich eine Begünstigung. Die von § 123 zugelassene Beitreibung der Gerichtskosten vom Gegner beruht nicht auf dem Armenrecht, sondern auf seiner Verurteilung in die Prozeßkosten nach §§ 91 ff. Gleiches gilt für die Haftung gegenüber dem Armenanwalt nach § 124[49]. Abweichendes regelt § 123 Abs. 2, letzte Alternative: bei Beendigung des Streites ohne Urteil über die Kosten — so bei Vergleich, § 98 — entfällt für den Gegner die Vergünstigung aus § 120. Damit aber wird lediglich der vor Bewilligung des Armenrechts bestehende Zustand wieder hergestellt[50].

Eine unmittelbare Beeinträchtigung ergibt sich jedoch aus der Befreiung der armen Partei von der Sicherheitsleistung für die Prozeßkosten nach § 115 Abs. 1 Nr. 2 in Verbindung mit § 110 Abs. 1. Soweit der Gegner einer armen Partei daher ohne die Armenrechtsgewährung Sicherheitsleistung hätte erlangen können, ist ihm in verfassungskonformer Auslegung des § 118 a Abs. 1 Satz 2 rechtliches Gehör zu gewähren[51]. Allen anderen Antragsgegnern steht ein Anspruch auf Gehör nicht zu.

11. Die richterliche Hinweispflicht

§ 138 erlegt den Parteien eine Erklärungslast auf[1]. Zur Sorge um die Vollständigkeit ihrer Erklärungen verpflichtet die folgende Vorschrift den Vorsitzenden, dahin zu wirken, daß die Parteien über alle erheblichen Tatsachen sich vollständig erklären und die sachdienlichen Anträge stellen, ungenügende Angaben ergänzen und die Beweismittel bezeichnen. § 139 Abs. 1 Satz 1. Da diese Maßnahmen überwiegend der Erlangung des rechtlichen Gehörs dienen und zudem der Vorsitzende

---

[48] BVerfGE 7, 95 (98); 8, 253 (255 f.); 12, 6 (8); 17, 356 (362); 21, 132 (137); Darauf beruht auch die Notwendigkeit der Beiladung nach § 65 Abs. 2 VwGO, § 60 Abs. 3 FGO.
[49] Eingehend hierzu *Bettermann* JZ 1962, 678.
[50] *Bettermann* JZ 1962, 677 f.
[51] *Bettermann* JZ 1962, 678.
[1] s. oben B 4 b.

zu ihrer Durchführung das Sach- und Streitverhältnis mit den Parteien zu erörtern und zu erfragen hat, § 139 Abs. 1 Satz 2, ist der Schluß gezogen worden, § 139 sei selbst Ausdruck des Gehörs[2].

Es ist jedoch zu differenzieren: Die Vorschrift richtet sich allein an den Vorsitzenden und verpflichtet ihn zu Hinweis und Frage. § 139 betrifft die Prozeßleitung und dient in erster Linie der Förderung des Verfahrens[3], wie sich auch aus der Stellung im Gesetz ergibt. Weiterhin ist daran zu erinnern, daß den Parteien rechtliches Gehör bereits durch die mündliche[4] Verhandlungsform gewährleistet wird. Zudem begründet der Verstoß gegen die Prozeßleitungspflicht lediglich die Rüge nach § 139, verletzt aber nicht das Recht auf Gehör[5]. Andererseits verlangt § 139 mehr als das bloße Anhören der Parteien. Festzuhalten ist also, daß die Pflichten zu Aufklärung, Hinweis, Frage und Erörterung grundsätzlich zu trennen sind von der Pflicht zur Gehörgewährung[6].

Dabei darf nicht außer acht gelassen werden, daß § 139 rechtliches Gehör tatsächlich voraussetzt. Es ist der Meinung zu widersprechen, der Vorsitzende könne seiner Hinweispflicht genügen, aber das Recht auf Gehör dadurch verletzen, daß er den Parteien anschließend die Gelegenheit zur Äußerung versage[7]. Diese Ansicht verkennt den Umfang der richterlichen Pflicht, die sich — entgegen der üblichen Bezeichnung — nicht in Hinweis oder Aufklärung erschöpft. Das Gesetz sagt unmißverständlich, der Vorsitzende habe auf vollständige Erklärung der Parteien hinzuwirken und das Streitverhältnis mit ihnen zu erörtern. Erfüllt er diese Pflicht, so leistet er zugleich Hilfe bei der Ausübung des rechtlichen Gehörs[8]. Hier ist insbesondere der Fall zu nennen, daß die Unvollständigkeit des Parteivortrags auf einer Änderung der Rechtsauffassung des Gerichts beruht. Diese Situation kann sich ergeben, wenn den Parteien der frühere Standpunkt erkennbar geworden war und sie ihren Sachvortrag danach ausgerichtet hatten. In diesem Fall verlangt § 139 vom Vorsitzenden einen Hinweis auf die veränderte

---

[2] So RGZ 81, 321 (324); 160, 157 (162); *Stein - Jonas - Pohle* Vorbem. IX 1 vor § 128; *Thomas - Putzo* Einl. I 4 pr.; *Blomeyer* § 16 pr.; *Bernhardt* § 23 IV; *Grunsky* § 25 III pr.; *Lent - Jauernig* § 25 XI; *Zeiss* § 32 I; *Arndt* NJW 1959, 7; *Löwe* S. 301.

[3] *Brüggemann* JR 1969, 361; *Prager* AcP 133, 147 f.; *Kurth* S. 35.

[4] Zur entsprechenden Anwendbarkeit des § 139 im schriftlichen Verfahren vgl. *Stein - Jonas - Pohle* § 139 Anm. VI.

[5] *Blomeyer* § 16 II 2 b; *Schönke - Kuchinke* § 8 I 3 b und § 8 III 3.

[6] BayVerfGH 13, 24 (25 f.); 17, 72 (73); *Maunz - Dürig* Art. 103 RZ 28; *Rosenberg - Schwab* § 85 III 3; *Brüggemann* JR 1969, 366; *Schneider* MDR 1968, 726; *Zeuner* S. 1023 f.

[7] So aber *Schönke - Kuchinke* § 8 III 3; *Prager* AcP 133, 148; *Kurth* S. 36.

[8] BayVerfGH 13, 24 (25 f.); = NJW 1960, 1051; 17, 72 (73) = NJW 1964, 2295; *Grunsky* § 19 IV; *Lent - Jauernig* § 25 XI; *Schneider* MDR 1968, 726; *Zeuner* S. 1023.

B. Allgemeine Vorschriften und Verfahren im ersten Rechtszuge 57

rechtliche Beurteilung[9]. Der Vorsitzende genügt damit seiner Prozeßleitungspflicht. Dieser Hinweis bewahrt die Parteien zugleich davor, von der gewandelten Auffassung erst im Urteil überrascht zu werden. Insoweit deckt sich die Funktion des § 139 mit derjenigen des § 265 StPO[10]. § 139 vermittelt den Parteien in diesen Fällen die erforderliche Gelegenheit zur Stellungnahme, sichert ihnen rechtliches Gehör[11].

In Ausnahmefällen kann eine weitergehende Übereinstimmung bestehen zwischen der Hinweispflicht und der Anhörungspflicht, denn das Verbot der Überraschung ist zugleich ein dem Gehör zugrundeliegender Gedanke[12], da es dem einzelnen Einfluß auf das Verfahren sichern will. Hatte daher das Gericht erkennen lassen, daß es eine bestimmte Frage für unerheblich und Ausführungen der Parteien in diesem Punkt für entbehrlich halte, und ändert es daraufhin seine Ansicht, so fordert auch der Grundsatz des Gehörs in diesem Fall einen entsprechenden Hinweis[13]. Die Parteien könnten anders nicht erkennen, welche neuen oder weiteren Tatsachen entscheidungserheblich und damit vorzutragen sind, ihnen wäre die Wahrnehmung ihres Rechtes auf Gehör unmöglich geworden. Von diesen relativ seltenen Fällen abgesehen, verpflichtet der Grundsatz des Gehörs das Gericht grundsätzlich nicht dazu, seine Rechtsansicht zu offenbaren, um einer Überraschung vorzubeugen[14].

12. *Das Rechtsgespräch*

Über die Hinweispflicht hinaus wird von *Adolf Arndt*[1] aus § 139 Abs. 1 die Verpflichtung des Gerichts zu einem Rechtsgespräch[2] mit den

---

[9] RGZ 96, 77 (78 f.); RG JW 1915, 37 (beide Entscheidungen ergingen zur alten Fassung des § 139); BayVerfGH 13, 24 (26); 15, 38 (40); 17, 72 (73); BGH VersR 1963, 1149; in der Literatur grundlegend: *Rosenberg* ZZP 49, 71 f.; ferner: *Stein - Jonas - Pohle* § 139 Anm. III 1; *Rosenberg - Schwab* § 78 III 1 c; *Bernhardt* § 23 IV; *Lent - Jauernig* § 25 XI; *Kurth* S. 136; *Laufs* JR 1967, 180; *Schneider* MDR 1968, 726.

[10] Dazu *Dahs* S. 96 ff.

[11] BGH VersR 1963, 1149; *Rosenberg - Schwab* § 78 III 1 c; *Baumann* S. 54; *Grunsky* § 19 IV; *Lent - Jauernig* § 25 XI; *Zeuner* S. 1023.

[12] BVerfGE 7, 95 (99); 34, 1 (8); *Maunz - Dürig* Art. 103 RZ 66; *Arndt* NJW 1960, 1193; *Dahs* S. 26; *Lerche* ZZP 78, 12; *Ule* DVBl 1959, 542; *Zeuner* S. 1023; s. a. *Kubisch* NJW 1965, 1315 f.

[13] RGZ 49, 347 (349); BayVerfGH 15, 38 (40); *Stein - Jonas - Pohle* Vorbem. IX 2 c vor § 128; *Baumbach - Lauterbach* § 139 Anm. 2 E; *Lent - Jauernig* § 25 XI; *Zeiss* § 32 II; *Arndt* NJW 1959, 7; *Brüggemann* JR 1969, 367; *Dahs* S. 35 und NJW 1961, 1244; *Kurth* S. 137 f.; *Schneider* MDR 1968, 726; *Schultz* MDR 1959, 175; *Zeuner* S. 1023, 1028 f.

[14] BayVerfGH 17, 72 (73); *Stein - Jonas - Pohle* Vorbem. IX 2 c vor § 128; *Thomas - Putzo* Einl. I 4 b; *Blomeyer* § 16 II 2; a. A. BVerwG NJW 1961, 891; *Baumann* S. 54; *Arndt* NJW 1959, 7; *von Winterfeld* NJW 1961, 851.

[1] *Arndt* NJW 1959, 6 ff. und 1297 ff.; 1960, 1191 ff.; 1962, 72; s. a. JZ 1963, 65 ff. (Anm. zu BayVerfGH 15, 38).

Parteien gefolgert. Das damit angesprochene Problem ist von der Frage zu trennen, ob die Parteien zu Rechtsausführungen überhaupt berechtigt sind[3].

Arndt ist der Auffassung, das Gehör sei nicht schon durch bloßes Redenlassen oder Anhören ein „rechtliches". Das Gericht habe vielmehr von sich aus handelnd darauf hinzuwirken, daß die Beteiligten verstehen und mitdenken, welche rechtlichen Erwägungen nach der Ansicht des Gerichtes maßgeblich werden können. Rechtliches Gehör gewähren heiße deshalb, die Verfahrensbeteiligten an der Rechtsfindung mitwirken zu lassen[4]. Zur Begründung führt *Arndt* aus, das Recht sei nicht „da", sondern ein immerwährendes Geschehen; Rechtsprechung sei zugleich Rechtsschöpfung. Nicht das Streitverhältnis konstituiere die rechtsprechende Gewalt, sondern die rechtsstaatliche Form der Rechtspflege habe zur Konsequenz, daß die Art, wie Recht gewonnen werde, in der Regel einer Auseinandersetzung im Streit um Recht bedürfe[5]. Für den Zivilprozeß verweist *Arndt* auf § 139: rechtliches Gehör werde namentlich dadurch gewährt, daß der Gerichtsvorsitzende das Sach- und Streitverhältnis nach der tatsächlichen und der rechtlichen Seite zu erörtern habe. Gericht und Parteien sollten sich zu einer Arbeitsgemeinschaft[6] vereinigen. Die Parteien müßten mit den rechtlichen Erwägungen des Gerichts schon deshalb vertraut gemacht werden, weil sie andernfalls nicht vor Überrumpelung sicher wären und damit zu einem Objekt des Verfahrens würden. Zudem zeige sich erst im Blickwinkel einer Rechtsauffassung, welcher Sachverhalt erheblich werden könne; Wahrheitsfindung sei von Rechtsfindung nicht zu trennen[7,8]. Schließlich gelte der Grundsatz des Gehörs auch im Revisionsverfahren, schon daraus ergebe sich das Einflußrecht der Parteien auf die Rechtsfindung[9].

Diese Verpflichtung zu einem Rechtsgespräch ist von Rechtsprechung und Lehre nicht allgemein anerkannt worden[10]. Ansätze bieten allerdings zwei Entscheidungen des ersten Senats des Bundesverwaltungsgerichtes[11], denen zufolge rechtliches Gehör versagt wird, wenn ein

---

[2] Der Ausdruck stammt von *Fritz Werner,* er prägte ihn in der Rede anläßlich seiner Einführung als Präsident des BVerwG, abgedruckt in DÖV 1958, 612 (615).
[3] Dazu oben Teil I C 2.
[4] *Arndt* NJW 1959, 7 und 1298 f.; NJW 1962, 27.
[5] *Arndt* NJW 1959, 7.
[6] *Arndt* beruft sich auf Rosenberg § 63 I.
[7] *Arndt* NJW 1959, 7.
[8] *Arndt* NJW 1959, 1299.
[9] *Arndt* NJW 1959, 1298.
[10] Weitgehend aber von *Kubisch* NJW 1965, 1315 ff.
[11] BVerwG NJW 1961, 891 und 1549.

B. Allgemeine Vorschriften und Verfahren im ersten Rechtszuge

Gericht im Urteil von seiner bisherigen Rechtsprechung abweicht, ohne die Parteien rechtzeitig darauf hingewiesen zu haben. Dieser Ansicht hat sich ein Teil der Literatur angeschlossen[12].

Gegen ein Rechtsgespräch wenden sich ausdrücklich die Verfassungsgerichte[13]. Im übrigen urteilt die Rechtsprechung in allgemeiner Form ablehnend[14]. Gleiches gilt für die in der Literatur herrschende Ansicht[15].

Die Vielzahl der Stimmen hat eine Fülle von Gegenargumenten mit sich gebracht. Eines hat außer Betracht zu bleiben: Der Satz, das rechtliche Gehör gewährleiste nur die Gelegenheit zur Äußerung[16], wäre gegenüber *Arndt* gerade zu beweisen. *Arndt* hat im übrigen selbst erkannt[17], daß er die vom Bundesverfassungsgericht gezogenen Grenzen des Art. 103 Abs. 1 GG durchbricht — mit der Konsequenz, daß eine auf die Verweigerung des Rechtsgesprächs gegründete Verfassungsbeschwerde nicht passieren würde[18]. Damit ist zugleich die Befürchtung, das Rechtsgespräch werde das Bundesverfassungsgericht zu einer Superrevisionsinstanz machen[19], ihrer Grundlage beraubt. Die Auseinandersetzung hat also prozeßrechtlich zu beginnen.

Überwiegend wird einer Verpflichtung zum Rechtsgespräch mit Überlegungen praktischer Natur begegnet[20]. Zunächst gab *Jagusch*[21] zu bedenken, den Beteiligten werde es an Fähigkeit und Bereitschaft fehlen, komplizierte rechtliche Zusammenhänge zu erörtern. Auf die Bereitschaft kann es hier überhaupt nicht ankommen. Die Unfähigkeit bezog *Jagusch* zwar auf das Strafverfahren und räumte ein, im Zivil-

---

[12] *Rosenberg - Schwab* § 85 III 4; *Grunsky* § 25 III 1; *Dahs* S. 29 f.; *Baumann* S. 54; *Ule* DVBl 1959, 542; *von Winterfeld* NJW 1961, 851; dafür aber auch BayVerfGH 15, 38 (41) = JZ 1963, 63 (m. Anm. *Arndt*).

[13] BVerfGE 31, 364 (370); BayVerfGH 13, 24 (26) = NJW 1960, 1051; 15, 38 (40) = NJW 1962, 1387; 17, 72 (73) = NJW 1964, 2295; 19, 30 (L); 23, 177 (179).

[14] BGHZ 24, 269 (278 f.) 31, 43 (46) (für das Schiedsgerichtsverfahren); BVerwG NJW 1961, 1548 (2. Senat); ebenso bereits RGZ 103, 423 (428).

[15] *Maunz - Dürig* Art. 103 RZ 38; *Stein - Jonas - Pohle* Vorbem. IX 2 c vor § 128 und § 139 Anm. III 1; *Wieczorek* § 139 Anm. B IV; *Baumbach - Lauterbach* § 139 Anm. 2 E; *Thomas -Putzo* Einl. I 4 b; *Blomeyer* § 16 II 2 b; *Rosenberg - Schwab* § 85 III 3; *Bernhardt* § 23 IV; *Lent - Jauernig* § 25 XI; *Zeiss* § 32 II; *Brüggemann* JR 1969, 366; *Jagusch* NJW 1959, 268; und NJW 1962, 1648; *Kurth* S. 146; *Kolb* S. 58; *Laufs* JR 1967, 180; *Lepa* DRiZ 1969, 8; *Lerche* ZZP 78, 10, 12, 20 f.; *Lesser* DRiZ 1960, 421; *Röhl* NJW 1964, 277; *Zeuner* S. 1025 ff. Für das Strafverfahren *Dahs* S. 35 m. w. N.

[16] Darauf berufen sich BayVerfGH 17, 72 (73); *Maunz - Dürig* Art. 103 RZ 38; *Lerche* ZZP 78, 10 ff.; *Laufs* JR 1967, 180.

[17] *Arndt* NJW 1959, 8.

[18] *Arndt* NJW 1959, 8; *Brüggemann* JR 1969, 366; *Lerche* ZZP 78, 12.

[19] *Lesser* DRiZ 1960, 421.

[20] Zu ihrem Wert *Zeuner* S. 1028; Bedenken haben *Dahs* S. 25 f. und *Kurth* S. 145.

[21] *Jagusch* NJW 1959, 268 f.; NJW 1962, 1648; ihm folgend *Maunz - Dürig* Art. 103 RZ 38; *Laufs* JR 1967, 180; *Zeuner* S. 1028.

prozeß sei die Lage anders[22]; daß dieser Gesichtspunkt aber schon im Ansatz nicht überzeugt, hat *Arndt* mit dem Hinweis auf die Stellung des Verteidigers außer Zweifel gestellt[23].

Die mangelnde Praktikabilität zeigt sich allerdings darin, daß das Gericht zu endgültiger rechtlicher Beurteilung häufig erst in der Abschlußberatung gelangt[24]. Bestünde die Verpflichtung zum Rechtsgespräch, so hätte das Gericht unter Umständen die Verhandlung wieder zu eröffnen. Dieser Vorgang könnte sich wiederholen. Es wird daher deutlich, daß die rechtliche Beurteilung letzten Endes nicht in der Verhandlung erfolgt[25].

Des weiteren ist eine mögliche Gefährdung der Waffengleichheit zu bedenken. Soweit sich die im Rechtsgespräch gegebenen Hinweise auf bestehende Einrede- und Anfechtungsrechte oder eine Aufrechnungsbefugnis beziehen, wären sie mit einer einseitigen Begünstigung des Gestaltungsberechtigten verbunden[26].

Schließlich ist darauf hingewiesen worden, daß das Gericht nicht das Urteil vorweg offenbaren könne[27]; die Vorwegnahme der Rechtsansicht verleite auch zu dem Eindruck der Befangenheit[28].

Arndt ist einem Teil dieser Vorwürfe entgegengetreten: Der Begriff des „Rechtsgespräches" werde gröblich mißachtet, wenn in ihn hineininterpretiert werde, er verlange eine rechtstheoretische Diskussion oder die vorzeitige Bekanntgabe der noch gar nicht beratenen Rechtsmeinung des Gerichts. Der Sinn sei, daß das Gericht nach Art. 103 Abs. 1 GG eine rechtsstaatliche Warnpflicht habe, es also die Beteiligten ebensowenig mit einem verschwiegenen Rechtsgedanken überraschen dürfe wie mit einer nicht erörterten Tatsachenannahme[29]. Es gehe darum, ob ein konkretes Verfahren ein „fair trial" gewesen sei, d. h. ob die prinzipielle Position eines Beteiligten als einflußreiches Subjekt des Verfahrens nicht in ihrem Kern angetastet worden sei[30].

Auf diese Weise hat *Arndt* zwar das Ergebnis präzisiert, nicht aber dessen Grundlagen. Für die Zivilprozeßordnung hat er, wie eingangs

---

[22] *Jagusch* NJW 1959, 269.
[23] *Arndt* NJW 1959, 1300 f.
[24] *Bernhardt* § 23 IV; *Zeiss* § 32 II; *Brüggemann* JR 1969, 366; *Kurth* S. 145; *Zeuner* S. 1028; s. a. *Jagusch* NJW 1962, 1649.
[25] Vgl. *Zeuner* S. 1027.
[26] *Brüggemann* JR 1969, 366 FN 55; eingehend hierzu *Lepa* DRiZ 1969, 5 ff. m. w. N.
[27] BGHZ 24, 269 (278 f.); *Blomeyer* § 16 II 2 b; *Laufs* JR 1967, 180; *Zeuner* S. 1026.
[28] *Kurth* S. 146.
[29] *Arndt* NJW 1960, 1193 FN 21.
[30] *Arndt* NJW 1959, 1301.

B. Allgemeine Vorschriften und Verfahren im ersten Rechtszuge

referiert, die Verpflichtung zum Rechtsgespräch aus der von § 139 Abs. 1 Satz 2 angeordneten „Erörterung nach der rechtlichen Seite" hergeleitet. § 139 läßt diesen Schluß jedoch nicht zu. Die Vorschrift statuiert keineswegs die rechtliche Erörterung im Zivilprozeß. § 139 dient gerade im Gegenteil allein dem Zweck, die Parteien zur Ergänzung ihres Tatsachenvortrages anzuhalten. Da sie in dieser Funktion nicht einmal ein Erfordernis des rechtlichen Gehörs im herkömmlichen Verständnis ist[31], bietet sie der weitergreifenden Interpretation *Arndts* erst recht keine Grundlage[32]. In diesem Zusammenhang geht auch der Hinweis auf *Rosenberg* fehl, denn dieser fordert die Arbeitsgemeinschaft zur Sachverhaltsermittlung, nicht bei der Rechtsfindung[33].

Der Gedanke einer allgemeinen Verpflichtung des Gerichts zum Rechtsgespräch scheitert aber nicht nur an § 139, er steht auch mit den Grundlagen des Zivilprozesses nicht in Einklang. § 139 selbst gibt einen entsprechenden Hinweis. Indem er die Ergänzung der Tatsachen den Parteien überträgt, folgt er dem Verhandlungsgrundsatz und deutet damit die entscheidende Frage nach der Verteilung der Aufgaben zwischen Gericht und Parteien an. Der Zivilprozeß hält eine grundsätzliche Trennung ein. Die Parteien können über den Streit frei disponieren und herrschen über seine tatsächlichen Grundlagen im Bereich der Verhandlungsmaxime alleinverantwortlich. Dem steht gegenüber die grundsätzlich uneingeschränkte Freiheit und Verantwortung des Gerichts bei der Beweiswürdigung, § 286, und der Rechtsanwendung: „iura novit curia[34]." Im Bereich der Entscheidungstätigkeit muß es daher dem Gericht überlassen bleiben, ob und inwieweit es die Parteien an der Rechtsfindung mitwirken lassen will. Die Forderung Arndts nach einer allgemeinen Verpflichtung zur Beteiligung ist daher für den Zivilprozeß zurückzuweisen, sie ist nicht Inhalt des zivilprozessualen Anspruchs auf Gehör.

Die Forderung nach einem Rechtsgespräch kann auch nicht verfassungsrechtlich begründet werden, da Art. 103 Abs. 1 GG insoweit nicht über das zivilprozessuale Recht auf Gehör hinausgreift. Die Garantie des Grundrechts beschränkt sich auf die Gewährung einer Gelegenheit zur Stellungnahme, sie umfaßt nicht die Bekanntgabe von Entscheidungen oder Rechtsansichten. Deren Erörterung können die Parteien erst recht nicht beanspruchen. In der von *Arndt* geforderten Weise ist das Rechtsgespräch daher nicht Inhalt des Anspruchs auf Gehör. Insbesondere besteht auch keine Pflicht zu einem Rechtsgespräch

---

[31] s. oben B 11.
[32] Gegen eine Ausdehnung des § 139 wendet sich *Blomeyer* § 16 II 2 b.
[33] *Rosenberg* § 63 I, vgl. FN 6; ebenso *Rosenberg - Schwab* § 78 I 3.
[34] Speziell hierzu *Blomeyer* § 18 II m. w. N.; *Rosenberg* ZZP 49, 39.

in dem Sinne, daß das Gericht eine geänderte eigene Rechtsauffassung mit den Parteien diskutieren müßte. Eine Erörterung kann insoweit allenfalls im Rahmen des § 139 geboten sein.

13. Die Anordnung persönlichen Erscheinens

Ebenso wie die Hinweispflicht aus § 139 dient die Anordnung des persönlichen Erscheinens einer Partei der Aufklärung des Sachverhaltes, so ausdrücklich § 141 Abs. 1 Halbsatz 1, deutlich auch § 272 b Abs. 2 Nr. 3. Schon aus diesem Grunde ist die sich anschließende Anhörung entgegen der überwiegenden Ansicht[1] nicht Ausdruck des rechtlichen Gehörs[2]. Insoweit gilt das zu § 139 Ausgeführte. Darüber hinaus ist die Anhörung in das pflichtgemäße Ermessen des Gerichts gestellt, während zur Gehörgewährung das Gericht verpflichtet ist. Ebenso unvereinbar mit dem Gehör ist die in § 141 Abs. 3 vorgesehene Sanktion gegenüber der Partei, die sich der Anhörung entzieht.

14. Die Wiedereröffnung der Verhandlung

Nach § 156 kann das Gericht die Wiedereröffnung einer Verhandlung anordnen, die bereits geschlossen wurde. Gemäß § 278 Abs. 1 vereinigen sich die nach Wiedereröffnung angesetzten Termine mit den vorhergegangenen zu *einer* mündlichen Verhandlung. Anlaß zur Wiedereröffnung kann in vierfacher Hinsicht bestehen: wenn nach Verhandlungsschluß, aber vor Entscheidung ein Richter ausgeschieden ist[1] — wenn der Sachverhalt nicht hinreichend geklärt war, der Vorsitzende also entgegen § 139 die Verhandlung zu früh geschlossen hatte[2] — wenn, auch im Fall des § 272 a, ein Schriftsatz verspätet eingereicht wurde, der wesentliche neue Umstände enthielt[3] — und wenn unzureichend Gehör gewährt wurde[4]. Da der Wiedereröffnung in den drei letztgenannten Fällen die Berücksichtigung neuer Angriffs- und Verteidigungsmittel zugrunde liegt, gewährt sie den Parteien Gelegenheit zur Wahrnehmung des rechtlichen Gehörs[5].

---

[1] RGZ 81, 321 (324); 160, 157 (162); *Stein - Jonas - Pohle* Vorbem. IX 1 vor § 128; *Thomas - Putzo* Einl. I 4 pr.; *Blomeyer* § 16 pr.; *Zeiss* § 32 I; *Brüggemann* JR 1969, 368.
[2] *Prager* AcP 133, 147 und 154; *Kurth* S. 39; für § 619 auch BVerfGE 7, 53 (57) m. zust. Anm. *Baur* JZ 1957, 543.
[1] *Stein - Jonas - Pohle* § 156 Anm. I m. w. N.
[2] *Baumbach - Lauterbach* § 156 Anm. 1 a; *Thomas - Putzo* § 156 Anm. 1 a.
[3] *Stein - Jonas - Pohle* § 133 Anm. II 2; *Walchshöfer* NJW 1972, 1030.
[4] *Stein - Jonas - Pohle* § 156 Anm. I.
[5] Vgl. *Baumbach - Lauterbach* § 156 Anm. 2 C; *Brüggemann* JR 1969, 368; *Kurth* S. 129.

B. Allgemeine Vorschriften und Verfahren im ersten Rechtszuge

Im Anschluß hieran stellt sich jedoch die Frage, ob der Anspruch auf Gehör das Gericht zur Wiedereröffnung zwingen kann[6]. Sie ist mit Sicherheit zu bejahen im zuletzt genannten Fall der Versagung rechtlichen Gehörs, denn andernfalls könnte die Entscheidung nicht ohne Verstoß gegen diesen Grundsatz ergehen[7]. War § 139 nicht hinreichend beachtet worden, so besteht zwar ebenfalls eine Pflicht zur Wiedereröffnung[8], sie resultiert aber nicht aus dem Gehör, sondern aus der Hinweispflicht selbst. Das ergibt sich auch daraus, daß nicht jeder Verstoß gegen § 139 zugleich das rechtliche Gehör verletzt[9]. Hinsichtlich der Behandlung neuen Vorbringens in einem nachgereichten Schriftsatz ist zu differenzieren. Grundsätzlich können nachgereichte Schriftsätze unbeachtet bleiben. Selbst wenn sie Tatsachen enthalten, die einen Restitutionsgrund bilden können, steht die Wiedereröffnung im Ermessen des Gerichts[10]; denn andernfalls wären die Parteien in der Lage, durch nachträgliche Schriftsätze den Erlaß der Entscheidung beliebig hinauszuzögern[11]. Den Parteien steht also ein Recht auf Wiedereröffnung der Verhandlung nicht zu[12]. Anderes hat zu gelten, wenn das schriftlich nachgereichte Vorbringen bei sachgerechter Ausübung des richterlichen Fragerechts[13] oder rechtzeitiger Gewährung des rechtlichen Gehörs in der letzten mündlichen Verhandlung rechtzeitig vorgetragen worden wäre. In dieser Konstellation ergibt sich aber keine Besonderheit gegenüber den bereits erwähnten Grundsätzen; das Gericht hätte die Wiedereröffnung von Amts wegen anordnen müssen, die Schriftsätze enthalten insoweit nur eine „Anregung"[14].

15. Die Untersagung weiteren Vortrages

Gemäß § 157 Abs. 2 kann das Gericht neben Bevollmächtigten und Beiständen auch den Parteien den weiteren Vortrag untersagen, „wenn ihnen die Fähigkeit zum geeigneten Vortrag mangelt"[1]. Im Gegensatz

---

[6] Offen gelassen von BGHZ 53, 245 (262).

[7] *Stein - Jonas - Pohle* § 156 Anm. I; s. a. *Rosenberg - Schwab* § 81 III 3; *Brüggemann* JR 1969, 368.

[8] RGZ 101, 262 (266); BGHZ 30, 60 (65); offen gelassen von BGHZ 53, 245 (262) m. w. N.

[9] s. oben B 11.

[10] BGHZ 30, 60 (65 f.); *Stein - Jonas - Pohle* § 156 Anm. I; *Baumbach - Lauterbach* § 156 Anm. 2 A; *Thomas - Putzo* § 156 Anm. 1 d; *Rosenberg - Schwab* § 81 III 3; s. a. *Walchshöfer* NJW 1972, 1030.

[11] *Stein - Jonas - Pohle* § 156 Anm. I; *Walchshöfer* NJW 1972, 1030.

[12] *Stein - Jonas - Pohle* § 156 Anm. I; *Rosenberg - Schwab* § 81 III 3; *Walchshöfer* NJW 1972, 1030 m. w. N.

[13] BGHZ 30, 60 (65).

[14] *Stein - Jonas - Pohle* § 156 Anm. I.

[1] Vgl. auch § 187 GVG.

zu § 78 Abs. 1 regelt diese Vorschrift einen Fall nachträglicher Postulationsunfähigkeit kraft Gerichtsbeschlusses. Als Folge der Untersagung bestimmt § 158 Satz 2 in Verbindung mit Satz 1, daß es im Ermessen des Gerichts stehe, im folgenden Termin auf Antrag ein Versäumnisurteil zu erlassen. Bedenken an der Vereinbarkeit des § 157 Abs. 2 mit dem Grundsatz des Gehörs bestehen nicht[2]. War die Partei nur in einem Termin nicht zum Vortrag in der Lage, so kann sie ihr Gehör im folgenden wahren. War ein weiterer Termin nicht vorgesehen, so muß vertagt werden. Ist der Betroffene zum Vortrag hingegen überhaupt nicht fähig, so steht es ihm frei, sein Recht auf Gehör durch einen Anwalt zu wahren, denn Rechtsanwälten kann der Vortrag nicht untersagt werden, § 157 Abs. 2.

16. Die Zustellung und die öffentliche Zustellung

Die Zustellung besteht grundsätzlich in der Übergabe des betreffenden Schriftstückes, § 170 Abs. 1. Sie soll dem Adressaten Gelegenheit geben, vom Inhalt der Schrift Kenntnis zu nehmen. Der Sicherung dieses Zweckes dient der Nachweis durch die Zustellungsurkunde, deren Ausstellung §§ 190 ff. regeln. Das gleiche Ziel verfolgt die Ersatzzustellung, die in §§ 181 ff. für den Fall zugelassen ist, daß der Adressat nicht angetroffen wurde[1]. Die Bedeutung der Zustellung für das rechtliche Gehör richtet sich nach dem Inhalt des zugestellten Schriftstückes. Entgegen der gesetzlichen Reihenfolge ist zunächst vom Amtsbetrieb auszugehen, der die Regel bildet, §§ 261 b Abs. 1, 496 Abs. 1.

a) Von der Anberaumung des ersten Termins zu mündlicher Verhandlung erhalten beide Parteien durch Zustellung der Ladung Kenntnis, §§ 261 a Abs. 1, 497 Abs. 1 Satz 3, wodurch es ihnen ermöglicht wird, die sich in der Verhandlung bietenden Gelegenheiten zur Anhörung wahrzunehmen. Eine wirksame Ausübung setzt die Kenntnis des anhängigen Streites voraus, daher ist dem Beklagten mit der Ladung zugleich die Klagschrift zuzustellen, §§ 261 a Abs. 2 Satz 1, 498 Abs. 1. Im weiteren Verlauf des Verfahrens wird sich die Zustellung der Ladung regelmäßig durch Verkündung des Termins in der Sitzung erübrigen, § 218. Für den Einspruch gegen ein Versäumnisurteil dient § 340 a in der beschriebenen Weise dem Gehör. Zustellung der Ladung und des beantragenden Schriftsatzes fordern auch die §§ 320 Abs. 3, 321 Abs. 3 für die Fälle der Berichtigung des Tatbestandes und der Ergänzung des Urteils. Kenntnis von nicht verkündeten Beschlüssen und Verfügungen sichert den Parteien § 329 Abs. 3. § 491 Abs. 1 ordnet

---

[2] Im Ergebnis ebenso *Kurth* S. 65 und 127.
[1] Hierzu BVerfGE 25, 158 (165); 26, 315 (318); *Endemann* NJW 1969, 1197; sowie BayVerfGH 9, 123 (127).

B. Allgemeine Vorschriften und Verfahren im ersten Rechtszuge

die Ladung zum Termin im Beweissicherungsverfahren unter Zustellung des Beschlusses und einer Abschrift des Gesuchs an. Der Gegner hat damit insbesondere Gelegenheit, der Beweisaufnahme beizuwohnen, § 357 Abs. 1, und sein Fragerecht nach §§ 397, 398, 402 auszuüben, wodurch er sein Recht auf Gehör verwirklichen kann[2]. Von Amts wegen zugestellt wird dem Beklagten die Ladung zu Terminen in Ehe- und Kindschaftsverfahren, §§ 618 Abs. 2, 640 Abs. 1, wenn der Termin nicht in seiner Gegenwart anberaumt wurde[3]. Abweichend von der Regelung des § 218 für den Normalprozeß gilt dies auch für die verkündeten Termine.

b) Im Rahmen der Zustellung auf Betreiben der Parteien ist zunächst anzumerken, daß gemäß § 198 Abs. 1 Satz 2 jede amtswegige Zustellung durch eine solche von Anwalt zu Anwalt ersetzt werden kann. Besonderheiten für den Grundsatz des Gehörs ergeben sich erst in den Fällen ausschließlicher Zustellung im Parteibetrieb. Hierzu zählen gemäß § 317 Abs. 1, 496 Abs. 1 die Zustellung der Urteile (mit den Ausnahmen der §§ 625, 640) und nach § 329 Abs. 2 die Zustellung der verkündeten Beschlüsse und Verfügungen. Die hiermit gebotene Möglichkeit der Kenntnisnahme erlangt Bedeutung für das rechtliche Gehör vor allem im möglichen Rechtsmittelverfahren.

Zusammenfassend läßt sich also sagen, daß die Zustellung dem rechtlichen Gehör insoweit dient, als sie dem Adressaten Kenntnis von den Maßnahmen der Gegenpartei und des Gerichtes verschafft und ihm damit erst die wirksame Ausübung seines Rechtes auf Gehör ermöglicht[4].

c) Die Gewähr, die insbesondere die Zustellung von Ladung und Schriftsätzen einschließlich der Klagschrift für das Gehör bietet, entfällt nahezu vollkommen bei der Zustellung durch öffentliche Bekanntmachung nach den §§ 203 ff. Sie ist namentlich zulässig bei unbekanntem Aufenthalt einer Partei und erfolgt gemäß § 204 Abs. 2 durch Anheftung des Schriftstückes an die Gerichtstafel oder — sofern eine Ladung zuzustellen ist — durch Einrücken in den Bundesanzeiger. § 206 bestimmt, daß entsprechend der Form der Veröffentlichung das Schriftstück nach zwei Wochen oder einem Monat als zugestellt gilt.

Wird die beklagte Partei auf diese Weise geladen, so steht ihr zwar theoretisch die Möglichkeit zur Kenntnisnahme und damit zur Wahrung des Gehörs offen. Der Weg, auf dem die Zustellung betrieben wird, überläßt diesen Erfolg jedoch dem Zufall, so daß dem Beklagten gegen-

---

[2] s. oben B 7.
[3] Hierzu BVerfGE 9, 256 (258) und 21, 132 (139).
[4] Im Ergebnis ebenso: BGHZ 12, 96 (98); *Maunz - Dürig* Art. 103 RZ 47 und 80; *Blomeyer* § 16 III 2 (S. 79 FN 6); *Baur* AcP 1953, 403; *Röhl* NJW 1958, 1272; *Zeuner* S. 1034; s. a. *Henckel* ZZP 77, 341; *Kurth* S. 63 und 124.

über mit dem Zugang auch die Gewährung des rechtlichen Gehörs fingiert wird[5]. Eine Gelegenheit zur Anhörung wird sich auch im weiteren Verlauf des Verfahrens regelmäßig nicht bieten: Infolge seiner Unkenntnis kann der Beklagte den Termin nicht wahrnehmen, so daß nach Maßgabe des § 331 Versäumnisurteil ergehen kann. Dieses würde wiederum öffentlich zugestellt, womit die säumige Partei praktisch außerstande wäre, die Einspruchsfrist des § 339 Abs. 2 zu wahren. Ihr bliebe nur die Möglichkeit, Wiedereinsetzung in den vorigen Stand zu beantragen. Sie wäre ihr gemäß § 233 Abs. 2 auch dann zu erteilen, wenn sie von der Zustellung des Versäumnisurteils ohne ihr Verschulden keine Kenntnis erlangt hätte. Der Antrag ist aber nur innerhalb eines Jahres zulässig, § 234 Abs. 3. Somit kann eine unabänderliche Entscheidung ergehen, ohne daß die beklagte Partei im Verfahren oder nachträglich durch Rechtsbehelf Stellung nehmen konnte. Das rechtliche Gehör bleibt ihr versagt[6].

Um dieser Konsequenz zu entgehen, haben sich *Maunz - Dürig*[7] und *Brüggemann*[8] dafür ausgesprochen, dem Betroffenen im Wiederaufnahmeverfahren rechtliches Gehör zu gewähren, wobei sie von dem Verfahren gegen Abwesende im Strafprozeß ausgehen, vgl. § 282 c StPO.

Die Zulassung einer Wiederaufnahme für das Zivilverfahren erscheint aber aus mehreren Gründen als fraglich. Auch die Genannten verkennen nicht, daß die öffentliche Zustellung kein Wiederaufnahmegrund nach den §§ 579, 580 ist[9]. Eine entsprechenden Anwendung des § 282 c StPO im Zivilprozeß steht aber zunächst dessen dem Strafverfahren nicht vergleichbarer Zweck entgegen, der darin liegt, Streit und Rechtsunsicherheit möglichst schnell und endgültig beizulegen. Diese Aufgabe kann nur mit Hilfe zeitlicher Beschränkungen erreicht werden, die daher grundsätzlich einzuhalten sind[10].

Die entscheidende Frage lautet aber: ist die analoge Anwendung des § 282 c StPO ein Gebot rechtlichen Gehörs? Anders gefragt: ist die bestehende Regelung der öffentlichen Zustellung mit dem Gehörgrundsatz vereinbar? Eine Antwort ist unter zwei Gesichtspunkten denkbar. Festzustellen ist einmal, daß der Ausschluß des Betroffenen vom Verfahren nicht auf der gesetzlichen Regelung beruht. Im Verhalten der

---

[5] *Maunz - Dürig* Art. 103 RZ 47; *Zöller - Stephan* § 203 Anm. I 1; *Blomeyer* § 16 III 2; *Bernhardt* § 23 IV; s. a. *Schönke - Kuchinke* § 8 III 2; *Brüggemann* JR 1969, 370.
[6] Vgl. OLG Frankfurt NJW 1947/48, 105; OLG Nürnberg MDR 1957, 45; *Röhl* NJW 1958, 1272.
[7] *Maunz - Dürig* Art. 103 RZ 47.
[8] *Brüggemann* JR 1969, 370.
[9] FN 7, 8.
[10] Vgl. *Zeuner* S. 1034.

B. Allgemeine Vorschriften und Verfahren im ersten Rechtszuge

Partei selbst liegt vielmehr die Ursache dafür, daß ihr das rechtliche Gehör versagt bleibt. Ihr ist es überlassen, bei einer Änderung ihres Aufenthalts für den Rechtsverkehr erreichbar zu bleiben. Verletzt sie diese Obliegenheit, dann hat sie für die voraussehbaren Folgen einzustehen[11].

Mit dieser Begründung haben *Stephan*[12] und *Kurth*[13] die öffentliche Zustellung bereits für vereinbar mit Art. 103 GG gehalten: das Recht auf Gehör werde nicht (vom Gericht) versagt, sondern (von der Partei) preisgegeben. Dem gleichen Gedanken folgt *Henckel*[14], der in der möglichen Wiedereinsetzung hinreichende Gelegenheit zur Anhörung gewährleistet sieht. Dieser Ansicht ist zu widersprechen. Zwar verlangt der Gehörgrundsatz lediglich, daß die Möglichkeit zur Äußerung geboten wird, nicht deren tatsächliche Wahrnehmung. Richtig verstanden geht er aber davon aus, daß die Partei ihre Rechte vorsätzlich oder fahrlässig preisgegeben hat. In jedem Fall ist daher zu gewährleisten, daß das konkrete Verfahren bekannt war oder bekannt sein mußte. Diese Voraussetzung erfüllt die öffentliche Zustellung gerade nicht. Sie berührt vielmehr den verfassungsrechtlich gewährleisteten Kernbereich des Anspruchs auf Gehör.

Die Obliegenheitsverletzung gewinnt aber in einem weiteren Rahmen Bedeutung. Bei der Beurteilung der öffentlichen Zustellung sind die Interessen der Gegenpartei zu berücksichtigen. Würde man bis zur nachweislichen Kenntnis des Verfahrens warten, so würde es im Falle der öffentlichen Zustellung häufig gar nicht zustande kommen. Eine dem Beklagten gewährte Anhörungsgelegenheit würde also zugleich dem Kläger seinen Anspruch auf Justizgewährung und Rechtsschutz versagen oder verkürzen[15]. Die Konsequenz drohenden vollkommenen Rechtsverlustes ist vor allem deshalb untragbar, weil der Beklagte seine Situation selbst herbeigeführt hat. Dem Rechtsschutzanspruch des Klägers kommt in diesem Fall höheres Gewicht zu[16]. Die mit der öffentlichen Zustellung verbundene Ausnahme vom Grundsatz des Gehörs rechtfertigt sich aus diesem überwiegenden Rechtsschutzinteresse; die §§ 203 ff. sind mit Art. 103 Abs. 1 GG vereinbar.

17. Die Fristen

Zur Wahrung der in mündlicher Verhandlung gebotenen Gelegenheit zur Anhörung ist die Zustellung von Ladungen, Entscheidungen und

---
[11] *Zöller - Stephan* § 203 Anm. I 1; *Blomeyer* § 32 II 5 b.
[12] *Zöller - Stephan* § 203 Anm. I 1.
[13] *Kurth* S. 63 und 125.
[14] *Henckel* ZZP 77, 370; s. a. *Löwe* S. 233 f.
[15] *Stein - Jonas - Pohle* Vorbem. IX 2 e vor § 128; *Bernhardt* § 23 IV.
[16] *Stein - Jonas - Pohle* Vorbem. IX 2 e vor § 128.

Schriftsätzen zwar eine notwendige, aber nicht hinreichende Voraussetzung. Eine wirksame Einflußnahme auf das Verfahren ist nur denkbar, wenn die Beteiligten ihre Stellungnahmen entsprechend vorbereiten können. Die erforderliche Zeit wird durch die gesetzlichen Zwischenfristen gewährt. Sie tragen zugleich einem weiteren dem rechtlichen Gehör zugrunde liegenden Gedanken Rechnung: dem Schutz vor Überraschung[1]. In beiden Funktionen dienen sie dem Gehör[2].

Unter den gesetzlichen Zwischenfristen bestimmen die Ladungsfristen, §§ 217, 604 Abs. 2 Satz 2 und Abs. 3, den Mindestzeitraum zwischen der Zustellung der Ladung und dem Tag des Termins. Zwischen der Zustellung der Klagschrift und dem Termin zur ersten mündlichen Verhandlung liegen die Einlassungsfristen, §§ 262 Abs. 1, 499 Abs. 1, 520 Abs. 2, 555 Abs. 2, 593 Abs. 2, 604 Abs. 2 Satz 1 und Abs. 3. Daneben ist § 132 zu erwähnen, der eine Frist für die Zustellung vorbereitender Schriftsätze festlegt. Er wird durch § 272 modifiziert. Die Einlassungsfristen können auch richterliche Fristen sein, so gemäß §§ 262 Abs. 2, 499 Abs. 2, 550 Abs. 2, 555 Abs. 2. Die Bedeutung der richterlichen Einlassungsfristen für das Gehör veranschaulicht § 337.

Eine hervorragende Stellung unter den richterlichen Fristen nehmen die Fristen zur Abgabe eines Schriftsatzes ein[3]. Gemäß § 272 a kann derjenigen Partei, die mangels rechtzeitiger Kenntnis von der Behauptung des Gegners sich nicht in der mündlichen Verhandlung erklären kann, auf Antrag eine Frist bewilligt werden, innerhalb derer sie ihre Erklärung durch Schriftsatz nachreichen kann. Zu ihren Gunsten wird auf diese Weise der Schluß der mündlichen Verhandlung — bis zum Verkündungstermin[4] — hinausgeschoben. Zugleich sichert § 272 a der überraschten Partei nachträglich (mindestens) den in § 132 gewährleisteten Zeitraum, den ihr Gegner nicht eingehalten hatte. Unter beiden Gesichtspunkten verwirklicht § 272 a rechtliches Gehör[5].

---

[1] s. bereits oben B 12; *Maunz - Dürig* Art. 103 RZ 66; *Blomeyer* § 16 II 5.
[2] *Maunz - Dürig* Art. 103 RZ 65 ff.; *Blomeyer* § 16 II 5; ebenso: *Rosenberg - Schwab* § 85 III 1; *Schönke - Kuchinke* § 8 III 3; *Baumann* S. 54; *Baur* AcP 153, 403; *Brüggemann* JR 1969, 367; *Kurth* S. 126; *Prager* AcP 133, 162; *von Winterfeld* NJW 1961, 851; *Zeuner* S. 1034.
[3] Vgl. BVerfGE 4, 190 (192) (zu § 308 Abs. 1 StPO); 6, 12 (14) (zu § 74 a Abs. 5 Satz 3 ZVG); 7, 239 (240); 8, 89 (91) (zu § 311 StPO); 12, 6 (8); 12, 110 (113); 17, 191 (193); 18, 380 (384); 24, 23 (25); s. a. E 3, 359 (365) zum früheren § 292 AO; *Stein - Jonas - Pohle* Vorbem. IX 2 c vor § 128; *Maunz - Dürig* Art. 103 RZ 67 f.; *Thomas - Putzo* Einl. I 4 c; *Hamann* AnwBl 1958, 148; *Lesser* DRiZ 1960, 422; *Röhl* NJW 1958, 1271 f. und NJW 1964, 278.
[4] OLG München NJW 1971, 2178 f. (m. Anm. *Haase* NJW 1972, 114 und abl. Anm. *Hahnzog* NJW 1972, 831); *Stein - Jonas - Schumann / Leipold* § 272 a Anm. III 4; *Thomas - Putzo* § 272 a Anm. 3 d, e; *Walchshöfer* NJW 1972, 1031 m. w. N.
[5] Im Ergebnis ebenso BVerfGE 5, 9 (10); *Blomeyer* § 16 II 5; *Bernhardt* § 23 IV; *Lent - Jauernig* § 25 XI; *Zeiss* § 32 I; *Kurth* S. 128. Zur Nichtbe-

B. Allgemeine Vorschriften und Verfahren im ersten Rechtszuge

An die richterliche Hinweispflicht des § 139 knüpft § 279 a Satz 1 an, der den Parteien durch bestimmte Frist zur schriftlichen Erklärung über aufklärungsbedürftig gebliebene Punkte eine entsprechend vorbereitete Stellungnahme ermöglicht[6]. Die Garantiefunktion der Fristen zugunsten des rechtlichen Gehörs wird zusammenfassend bestätigt durch eine Entscheidung des Bundesverfassungsgerichtes[7], daß die unterbliebene Anwendung des § 222 Abs. 2 gegen Art. 103 Abs. 1 GG verstoße.

Fristen sind nicht unabänderlich. Ihre in § 224 Abs. 2 zugelassene Verlängerung kommt der Qualität der Stellungnahme im Termin oder durch Schriftsatz und damit dem Gehör zugute. In Ausnahmefällen ist entschieden worden, daß der Gehörgrundsatz zur Verlängerung einer richterlichen Frist zwingt, wenn sie zu knapp bemessen war[8]. Dieser Gedanke läßt sich jedoch nicht verallgemeinern. Das Grundrecht auf Gehör gewährleistet keinen Anspruch auf eine Frist von bestimmter Dauer. Dementsprechend ist auch die Abkürzung der Fristen zulässig. Hier sind zunächst drei Fälle zu unterscheiden.

Ohne Wirkung auf Art. 103 Abs. 1 GG bleibt in jedem Fall die Abkürzung durch Vereinbarung der Parteien, § 224 Abs. 1, die zudem praktisch bedeutungslos ist[9]. Nach Maßgabe des § 224 Abs. 2 kann das Gericht auf Antrag einer Partei richterliche Fristen kürzen. Da insoweit eine Beeinträchtigung der Anhörungsrechte des Gegners so besorgen ist, hat das Gericht gemäß § 225 Abs. 2 diesen zuvor zu hören. Obwohl Ausdruck des Art. 103 Abs. 1 GG, ist diese Vorschrift nicht uneingeschränkt dem Kernbereich des Grundrechts auf Gehör zuzurechnen, denn dieser wäre erst berührt, wenn dem Gegner jede ausreichende Vorbereitung versagt wäre.

Aus diesem Grunde ist die Ausnahmebestimmung des § 226 Abs. 3, die für den Fall der Abkürzung bei Bestimmung des Termins die Anhörung des Gegners in das Ermessen des Vorsitzenden stellt, nicht ohne weiteres mit dem Grundrecht auf Gehör vereinbar. Art. 103 Abs. 1 GG begrenzt vielmehr dieses Ermessen und zwingt zur Anhörung, wenn durch Kürzung der Frist und damit der Vorbereitungszeit dem Gegner die Wahrnehmung des Anspruchs auf Gehör im Verfahren unmöglich oder entscheidend erschwert wird.

---

rücksichtigung des Schriftsatzes BVerfGE 11, 218 (220); 23, 286 (288); OLG München NJW 1971, 2178.

[6] *Blomeyer* § 16 II 5.
[7] BVerfGE 18, 380 (384).
[8] BayVerfGH 16, 1 (3); BayObLGZ 54, 1 (4); *Maunz - Dürig* Art. 103 RZ 67; *Stein - Jonas - Pohle* Vorbem. IX 2 c vor § 128; *Röhl* NJW 1958, 1271 und NJW 1964, 277 (alle zustimmend).
[9] *Stein - Jonas - Pohle* § 224 Anm. I 2; *Baumbach - Lauterbach* § 224 Anm. 1.

Eine Ermessensbegrenzung anderer Art zeigt sich gegenüber § 227 Abs. 3, der die Verlegung eines Termins und die Vertagung einer Verhandlung vorsieht. Beide Maßnahmen sind geeignet, der Ausübung des rechtlichen Gehörs unmittelbar zu dienen. Zutreffend hat daher die Rechtsprechung[10] mehrfach entschieden, daß im Einzelfall die Ablehnung eines Antrages auf Vertagung die Versagung des Anspruchs auf Gehör bedeuten könne. Unter diesen Voraussetzungen zwingt Art. 103 Abs. 1 GG das Gericht, dem Antrag stattzugeben.

18. Die Wiedereinsetzung in den vorigen Stand

Im Zusammenhang mit den Fristen steht die Frage der Erlangung rechtlichen Gehörs bei ihrer Versäumung. § 230 bestimmt als Folge den Ausschluß der Partei mit der betreffenden Prozeßhandlung. Als Ausnahme gewährt § 233 Abs. 1 auf Antrag die Wiedereinsetzung in den vorigen Stand bei Versäumung von Notfristen, Berufungs- und Revisionsbegründungsfristen, sofern Naturereignisse oder unabwendbarer Zufall ihre Wahrnehmung verhinderten. § 233 Abs. 2 reduziert diese Anforderungen für die Einspruchsfrist.

Die Wiedereinsetzung ermöglicht das Nachholen der versäumten Handlung und bietet der betroffenen Partei damit erneut Gelegenheit, sich Gehör zu verschaffen[1]. Eine Gewähr über die unverschuldete Versäumung hinaus fordert der Grundsatz nicht, den Parteien ist die Ausübung ihrer Rechte freigestellt.

Im Verfahren der Wiedereinsetzung stellt sich die Frage, inwieweit dem Prozeßgegner die Möglichkeit zur Anhörung offensteht, denn die Wiedereinsetzung verschlechtert seine Position. § 238 Abs. 1 Satz 2 bestimmt, daß das Verfahren über den Antrag auf Wiedereinsetzung zu verbinden ist mit dem Verfahren über die nachgeholte Prozeßhandlung.

Soweit diese in obligatorisch mündlicher Verhandlung erfolgt — so im Fall der §§ 339, 340 a — ist dem Gegner zugleich Gehör in Bezug auf den Wiedereinsetzungsantrag gewährleistet. Auch soweit die mündliche Verhandlung freigestellt ist — §§ 104 Abs. 3 Satz 2, 107 Abs. 3, 519 b Abs. 2, 554 a Abs. 2 — ergeben sich für eine Anhörung keine Probleme[2].

---

[10] RGZ 81, 321 (324); RG Gruch 66, 586 (588); BGHZ 27, 163 (169); OLG Celle NJW 1969, 1905 f.; zustimmend: *Maunz - Dürig* Art. 103 RZ 61, 68 ff.; *Stein - Jonas - Pohle* Vorbem. IX 2 c vor § 128; *Baumbach - Lauterbach* § 227 Anm. 2 B; *Blomeyer* § 16 II 5; *Bruns* § 21 II FN 3; *Rosenberg - Schwab* § 85 III 1; *Schönke - Kuchinke* § 8 III 3 und 35 II; *Brüggemann* JR 1969, 367; *Hamann* AnwBl 1958, 148; *Henckel* ZZP 77, 341 f.; *Kurth* S. 127 f.; *Röhl* NJW 1953, 1533; NJW 1958, 1273; NJW 1964, 577.

[1] Ständige Rechtsprechung des BVerfG für die Wiedereinsetzung im Ordnungswidrigkeiten- und Strafverfahren seit E 25, 158 (166), zuletzt E 40, 182 (184).

B. Allgemeine Vorschriften und Verfahren im ersten Rechtszuge

Unterbleibt eine mündliche Verhandlung und ergeht die Entscheidung daraufhin ohne Anhörung der Gegenpartei, so kann diese den Beschluß entweder mit der Beschwerde — §§ 104 Abs. 3 Satz 5, 519 Abs. 2[3] — oder zusammen mit dem Endurteil anfechten. Endgültig versagt bliebe ihr das Gehör jedoch dann, wenn das Endurteil nicht mehr anfechtbar ist. Gleichfalls ohne Gehör bleibt der Gegner bei Entscheidungen der Oberlandesgerichte in den Fällen des § 545 Abs. 2, des Revisionsgerichts nach § 554 a und des Landgerichts als Berufungsgericht, § 545 Abs. 1. In dem zuletzt genannten Beispiel hat daher das Bundesverfassungsgericht eine Pflicht zur Anhörung des Gegners unmittelbar aus Art. 103 Abs. 1 GG hergeleitet[4]. Diese Folgerung hat es wesentlich mit der Irreparabilität der Entscheidung über die Wiedereinsetzung begründet, sie sei keine prozeßleitende Anordnung, sondern erkenne über ein von der einen Partei in Anspruch genommenes Recht abschließend. Im konkreten Fall kam erschwerend hinzu, daß die Wiedereinsetzung gegen die Versäumung der Berufungsfrist den Gegner der Rechtskraft seines Titels beraubte. Der Entscheidung ist zuzustimmen, Art. 103 Abs. 1 GG erzwingt eine Anhörung in den genannten Fällen, in denen die Zivilprozeßordnung das rechtliche Gehör nicht ausreichend gewährleistet.

19. Die Klageänderung und die Klagerücknahme

a) Die Klageänderung ist Änderung des Streitgegenstandes durch den Kläger. Sie birgt für den Beklagten eine dreifache Gefahr: seine bisherige Verteidigung wird hinfällig — die überraschende Umstellung erschwert seine künftige Prozeßführung, — und er verliert die Aussicht, eine den ursprünglichen Klageantrag abweisende Entscheidung zu erlangen. Die beiden erstgenannten Probleme führen zu der Frage, ob die Klageänderung durch Eingriff in die Verteidigung das Recht des Beklagten auf Gehör berührt, so daß ihm zuvor Gelegenheit zur Stellungnahme zu bieten wäre.

Einen Anhaltspunkt gibt § 264, von dessen beiden alternativen Zulässigkeitsvoraussetzungen eine die Einwilligung des Beklagten fordert; er wird also vor der Klageänderung angehört. Auch § 269 fügt sich in dieses Bild, der die widerspruchslose Einlassung auf die geänderte Klage der Einwilligung gleichstellt, denn entscheidend ist, daß eine Gelegenheit zur Äußerung bestand.

Jedoch gibt schon der Umstand, daß Klageänderung auch ohne Einwilligung bei Sachdienlichkeit zugelassen werden kann, zu Zweifeln

---

[2] s. oben B 4 d. Unrichtig *Kurth* S. 159 und 184.
[3] Hierzu BGHZ 21, 142 (147).
[4] BVerfGE 8, 253 (254 f.).

Anlaß, ob hier wirklich ein Problem des rechtlichen Gehörs vorliegt. Bei der Prüfung der Sachdienlichkeit hat das Gericht einen gewissen Beurteilungsspielraum, § 264, ist aber durch Grundsätze gefestigter Rechtsprechung eingeschränkt[1]. Danach liegt Sachdienlichkeit vor, wenn die Klageänderung der endgültigen Ausräumung des sachlichen Streitstoffes dient und einem andernfalls zu gewärtigenden weiteren Rechtsstreit vorbeugt. Diese Kriterien verdeutlichen, daß der Schutz des Beklagten hier nicht mehr im Vordergrund steht. Angestrebt wird vielmehr eine Erleichterung der Klageänderung.

Die beiden Voraussetzungen des § 264 scheinen also entgegengesetzten Zielen zu dienen. Die Lösung dieses Widerspruches ergibt sich aus dem Wesen der Klageänderung: Sie bedeutet Wechsel nicht der Angriffsmittel, sondern des Angriffs überhaupt. Sie betrifft nur mittelbar die tatsächlichen Entscheidungsgrundlagen, denen gegenüber der Anspruch auf Gehör besteht. Ob der Beklagte insoweit ausreichende Gelegenheit zur Verteidigung findet, kann erst der sich anschließende Prozeßverlauf erweisen. Die Anhörung zur Einwilligung nach § 264 dient allein dem Zweck, dem Beklagten das Recht auf eine Entscheidung über den ursprünglichen Streitgegenstand zu erhalten. Dieses Recht auf Urteil ist aber Teil des Rechtsschutzanspruches[2], nicht des Rechtes auf Gehör.

b) Nicht nur über den Streitgegenstand, sondern über den gesamten Streit disponiert der Kläger bei der Klagerücknahme. Aus diesem Grunde ist die von § 271 Abs. 1 zwingend vorgeschriebene Einwilligung des Beklagten auch hier Ausdruck seines Rechtsschutzanspruches, der sich auf Abweisung der unbegründeten Klage richtet[3]. Ein Zusammenhang mit dem Gehörgrundsatz besteht nicht.

20. Die Beweisaufnahme

Die Berührungspunkte zwischen den Vorschriften der Beweisaufnahme und dem rechtlichen Gehör sind überwiegend bereits behandelt worden[1], so daß im Folgenden nur einzelne Probleme nachzutragen sind.

---

[1] Grundlegend BGHZ 1, 65 (71 f.); weitere Nachweise bei *Stein - Jonas - Schumann / Leipold* § 264 Anm. II 2.

[2] *Zöller - Stephan* § 264 Anm. 1; *Blomeyer* § 1 III 2 b und Rechtsschutzanspruch S. 67 ff.; *Bettermann* ÖJBl 1972, 65; a. A. z. B. *Rosenberg - Schwab* § 3 I.

[3] *Bettermann* ÖJBl 1972, 62, und 65.

[1] Im Rahmen des Verhandlungsgrundsatzes: §§ 282, 371, 373, 402, 420 f., 445, 448, 653; der fakultativ mündlichen Verhandlung: §§ 356, 360; der Einheit der mündlichen Verhandlung: §§ 282, 283; der Konzentration: § 283; der Parteiöffentlichkeit: §§ 357, 367 Abs. 1, 397, 398, 402, 451.

B. Allgemeine Vorschriften und Verfahren im ersten Rechtszuge 73

a) Die Änderung des Beweisbeschlusses

Im Gegensatz zum Beweisinterkolut[2] ist der Beweisbeschluß des geltenden Rechts bloße prozeßleitende Maßnahme. Daraus folgt seine Änderbarkeit. Gegenüber Anordnungen zur Änderung genießen die Parteien nach § 360 Satz 4 den Schutz vorheriger Anhörung. Die Gehörgewährung rechtfertigt sich aus der Bedeutung des Beweisbeschlusses für die Entscheidung des Rechtsstreits. Anders als diese vermag der Beweisbeschluß die Rechte der Parteien jedoch nicht unmittelbar zu beeinträchtigen. § 360 Satz 4 ist daher nicht Ausdruck der verfassungsrechtlichen Gewährleistung des Art. 103 Abs. 1 GG[3].

b) Die nachträgliche Beweisaufnahme

Die Entbehrlichkeit der Parteien in der Beweisaufnahme, § 367 Abs. 1, kann zur Folge haben, daß einem unverschuldet Ausgebliebenen das Recht auf Gehör dadurch verkürzt wird, daß die Beweisaufnahme unterbleibt oder unvollständig bleibt. Diese Gefahr schränkt § 367 Abs. 2 dadurch ein, daß er auf Antrag bis zum Schluß der „letzten" mündlichen Tatsachenverhandlung die Nachholung der unterbliebenen oder die Vervollständigung der vorgenommenen Beweisaufnahme zuläßt. Wird das Verfahren aus diesem Grunde verzögert, so hat die Partei dem Konzentrationsgrundsatz entsprechend glaubhaft zu machen, daß sie den früheren Termin ohne Verschulden versäumt hat.

c) Der Übergang zu mündlicher Verhandlung

Das Gebot des § 285 Abs. 1 an die Parteien, über das Ergebnis der Beweisaufnahme unter Darlegung des Streitverhältnisses zu verhandeln, berührt den Grundsatz des Gehörs zunächst insofern, als es die entsprechende Gelegenheit zur Stellungnahme konkretisiert[4]. Eine weitergehende Gewährleistung ergibt jedoch § 370 Abs. 1, der den Beweistermin vor dem Prozeßgericht zugleich zur Fortsetzung der mündlichen Verhandlung bestimmt. Zusammen stellen beide Vorschriften sicher, daß sich die Verhandlung über das Ergebnis unmittelbar an die Beweisaufnahme anschließt. Diese Konzentration des Verfahrens gewährt den Parteien eine Verhandlung unter dem lebendigen Eindruck der Beweisaufnahme[5] und fördert die effektive Wahrnehmung des Rechtes auf Gehör.

---

[2] s. oben B 5.
[3] s. oben B 17; im Ergebnis ebenso: *Brüggemann* JR 1969, 365; *Kurth* S. 162; s. a. *Wieczorek* § 360 Anm. B III a; *Zöller - Stephan* § 360 Anm. 2 b.
[4] *Schönke - Kuchinke* § 8 III 3.
[5] *Stein - Jonas - Schumann / Leipold* § 370 Anm. I 1 a.

Ausnahmsweise kann sich diese Wirkung in ihr Gegenteil verkehren und das Verfahrenstempo die Parteien überfordern. In diesem Fall kann der Gehörgrundsatz eine Vertagung nach der Beweisaufnahme fordern[6].

d) Die Beweisaufnahme im Bereich des Untersuchungsgrundsatzes

§ 622 regelt für das Verfahren in Ehesachen sowohl die Beschaffung als auch die Feststellung des Tatsachenstoffes. Absatz 1 bestimmt als Grundsatz, daß das Gericht zur Ermittlung der Tatsachen von Amts wegen verpflichtet ist. Die unbeschränkte Amtsermittlung gilt jedoch nur im Nichtigkeits- und Feststellungsprozeß, denn für Scheidungs-, Aufhebungs- und Herstellungsprozeß gilt nach Absatz 2 als Ausnahme, daß die „ehefeindliche Partei" über die Berücksichtigung der ehefeindlichen Tatsachen disponieren kann.

Um zu vermeiden, daß sich der Streitstoff ohne ihre Kenntnis erweitert, garantiert § 622 Abs. 1 Halbsatz 2 den Parteien in allen Verfahren rechtliches Gehör zu den nicht von ihnen vorgebrachten Tatsachen. Erwähnt wurde bereits, daß diese ausdrückliche Gewährleistung aus dem besonderen Verhältnis des Untersuchungsgrundsatzes zum rechtlichen Gehör resultiert[7].

Entsprechend § 622 Abs. 1 kann das Gericht in allen Eheverfahren eine Beweisaufnahme von Amts wegen anordnen. Demgegenüber vertritt *Schlosser*[8] die Auffassung, die Ausnahme des Absatz 2 gelte auch für Beweisaufnahmen, sie habe daher Vorrang auch vor den Bestimmungen, die im Regelverfahren eine Beweisaufnahme von Amts wegen ohne Rücksicht auf den Willen des Beweisführers zulassen (§§ 143, 144, 272 b Abs. 2 Nr. 5). Die Begründung entnimmt *Schlosser* dem Sinn des § 622 Abs. 2, der darin liege, die Parteien vor einem Eindringen des Staates in ihre Intimsphäre zu schützen, wenn es nur um ehefeindliche Tatsachen gehe. Dieser Grund treffe für Beweisaufnahmen nicht weniger zu als für die Einführung neuer Tatsachen.

Diese Auslegung ist abzulehnen. Sie widersetzt sich nicht nur dem eindeutigen Wortlaut der gesamten Vorschrift — nicht nur des Absatzes 2, wie *Schlosser* zugibt —, sondern ist auch entbehrlich. Unentschieden kann bleiben, ob das Widerspruchsrecht tatsächlich eine Verletzung der Intimsphäre verhüten soll, weil es „nur" um ehefeindliche Tatsachen geht, oder ob diese Vorschrift nicht vielmehr der Aufrechterhaltung der Ehe dienen soll, indem sie dem Gericht untersagt, mehr

---
[6] RG DJ 1936, 75.
[7] s. oben B 3.
[8] *Stein - Jonas - Schlosser* § 622 Anm. I unter Berufung auf *Erhard*, Der Eheprozeß in der Praxis, 1957, S. 105.

zur Auflösung der Ehe beizutragen als die ehefeindliche Partei. Jedenfalls richtet sich der Widerspruch nicht gegen die Einführung neuer Tatsachen, sondern gegen die Berücksichtigung eingeführter Tatsachen. Die Intimsphäre wäre also in jedem Fall bereits vor der Beweisaufnahme verletzt.

Überflüssig ist die Ausdehnung des § 622 Abs. 2 aber deshalb, weil die ehefeindliche Partei durch ihren Widerspruch gegen bestimmte Tatsachen zugleich deren Beweis erübrigt. Dies gilt uneingeschränkt, da ihr das rechtliche Gehör auch die Kenntnis der amtsermittelten Tatsachen gewährleistet.

Es ist also an der gesetzlichen Regelung festzuhalten; das Gericht kann in allen Eheverfahren von Amts wegen Beweisaufnahme anordnen. Im anschließenden Beweisverfahren ergeben sich für das rechtliche Gehör keine Besonderheiten.

21. Die Beteiligung Dritter am Rechtsstreit

Die Frage, welchen Personen rechtliches Gehör zu gewähren sei, wurde bis in die jüngste Zeit diskutiert[1]. Die vorliegende Untersuchung hat sich ihrem Ziel entsprechend auf die Vorschriften der Zivilprozeßordnung zu beschränken und zu prüfen, inwieweit sie anderen Beteiligten als den Parteien Gehör gewährleisten. Nicht behandelt werden die sich aus dem Zusammenhang von rechtlichem Gehör und materieller Rechtskraft ergebenden Probleme. Ihre Lösung würde die eingehende Berücksichtigung der Lehren zur Rechtskraft und zum Streitgegenstand erfordern und damit den Rahmen der Arbeit sprengen.

Die Beteiligung Dritter am Rechtsstreit wird namentlich durch die §§ 64 ff. ermöglicht. Jedoch hat die Hauptintervention außer Betracht zu bleiben, denn sie erfolgt durch selbständige Klage, die den Interventionsprozeß eröffnet. Der Hauptintervenient ist weder Partei noch sonst Beteiligter des Hauptprozesses, er erlangt vielmehr uneingeschränktes Recht auf Gehör im Interventionsprozeß.

a) Die Nebenintervention

Wirkt sich die Entscheidung eines anhängigen Verfahrens auf die rechtlichen Interessen eines Dritten aus, so kann die Führung eines zweiten Prozesses zwischen ihm und einer der Parteien dadurch vermieden werden, daß er dem anhängigen Rechtsstreit als Nebeninter-

---

[1] *Bettermann* JZ 1962, 676 ff.; *Lerche* ZZP 78, 23 ff.; *Schlosser*, Urteilswirkungen und rechtliches Gehör, JZ 1967, 431; *Wolf* Rechtliches Gehör und die Beteiligung Dritter am Rechtsstreit, JZ 1971, 405; *Zeuner* S. 1037 ff. und Rechtliches Gehör, materielles Recht und Urteilswirkungen.

venient beitritt. Er tritt zur Unterstützung und an der Seite derjenigen Partei in das Verfahren ein, an deren Sieg ihm gelegen ist. Seine Funktion veranschaulicht seine Bezeichnung als Streithelfer. Als Beteiligter des Verfahrens hat er grundsätzlich Anspruch auf rechtliches Gehör[2].

Im einzelnen ist jedoch zu differenzieren, denn der Nebenintervenient findet nicht uneingeschränkt Gehör. In seiner Rolle als Gehilfe der sog. Hauptpartei kann er nur zum Zweck ihrer Unterstützung tätig werden, § 66 Abs. 1, nicht zu ihrem Nachteil. Ihm sind also Klagerücknahme, Verzicht, Anerkenntnis und Vergleichsabschluß versagt. Er wird nach Maßgabe des § 67 ferner nicht mit Erklärungen gehört, die zu denjenigen „seiner" Partei in Widerspruch stehen und kann auch entsprechende Handlungen nicht vornehmen. Da er den Rechtsstreit gemäß § 67 in der Lage annehmen muß, in der er sich zur Zeit seines Beitritts befindet, kann er nichts mehr vorbringen, womit die Partei, etwa nach §§ 279, 529, bereits ausgeschlossen ist. Diese Einschränkungen rechtfertigen sich gegenüber dem Gehörgrundsatz dadurch, daß der Nebenintervenient nicht wie die Partei durch das Urteil beschwert wird.

Von diesen Einschränkungen abgesehen, findet der Streithelfer jedoch Gelegenheit zu weitreichender Stellungnahme. Durch § 71 Abs. 3 wird ihm die Zustellung von Ladungen und Schriftsätzen und die Teilnahme an mündlichen Verhandlungen gewährleistet. § 67 begründet sein Recht, Prozeßhandlungen wirksam vorzunehmen sowie Angriffs- und Verteidigungsmittel geltend zu machen. In den genannten Grenzen kann er daher den Prozeß wie eine Partei führen und wie sie Gehör finden.

Anzumerken bleibt, daß in einem etwaigen Streit um seine Zulassung, § 71 Abs. 1, der Nebenintervenient in vollem Umfang Recht auf Gehör besitzt.

b) Die streitgenössische Nebenintervention

In Ausnahmefällen kann die Rechtskraft des Urteils auf das Verhältnis zwischen dem Nebenintervenienten und der Gegenpartei einwirken. Da der Streithelfer in dieser Situation an der Entscheidung ebenso interessiert ist wie die Hauptpartei, ermöglicht ihm § 69 eine selbständigere Verhandlungsführung als streitgenössischer Nebenintervenient. Als solcher ist er insbesondere von der Beschränkung des § 67 befreit, sich nicht in Widerspruch zur Hauptpartei setzen zu dürfen.

---

[2] *Maunz - Dürig* Art. 103 RZ 91; *Stein - Jonas - Pohle* Vorbem. IX 2 a vor § 128; *Rosenberg - Schwab* § 85 II; *Baur* AcP 153, 407; *Kurth* S. 73 f.; *Röhl* NJW 1953, 1531; *Zeuner* S. 1038; anders nur *Grunsky* § 25 II 3.

B. Allgemeine Vorschriften und Verfahren im ersten Rechtszuge

Dadurch ist zugleich dem streitgenössischen Nebenintervenienten in höherem Maße als dem einfachen Streithelfer Gelegenheit geboten, sich Gehör zu verschaffen[3]; er hat die vollen Rechte einer echten Partei.

Nicht in dieses Bild einer ausgewogenen Interessenlage scheint sich die Vorschrift des § 265 Abs. 2 Satz 3 zu fügen: Wird während der Rechtshängigkeit der streitbefangene Gegenstand veräußert, so weist sie dem Rechtsnachfolger die Stellung eines einfachen Nebenintervenienten zu, obwohl das Urteil nach § 325 für und gegen ihn Rechtskraft wirkt.

Fraglich ist zunächst, ob die hiermit verbundene Einschränkung der Prozeßführung des Nachfolgers seinen Anspruch auf Gehör berührt. *Zeuner*[4] verneint dies mit der Begründung, die in den §§ 265, 325 getroffene Regelung stehe in unmittelbarem Zusammenhang mit den materiellrechtlichen Fragen der Rechtsnachfolge. Ansatz und Schwerpunkt lägen dementsprechend nicht im Verhältnis zwischen Rechtsnachfolger und Gericht, sondern in demjenigen zwischen den Parteien und dem Rechtsnachfolger, auf dieses aber beziehe sich Art. 103 Abs. 1 GG nicht.

Wenngleich *Zeuner* den Kreis der Gehörberechtigten nicht allein nach der formellen Verfahrensbeteiligung, sondern auch nach dem Aspekt der jeweils betroffenen Rechte und Rechtslagen bestimmt[5], so erscheint es doch zweifelhaft, ob im vorliegenden Fall der Anwendungsbereich des Art. 103 Abs. 1 GG allein aus materiellrechtlicher Sicht eingeschränkt werden kann. Offen bliebe zunächst die entscheidende Frage nach der Rechtfertigung des § 265 Abs. 2. Unter materiellrechtlichen Aspekten besteht kein Bedürfnis für eine unbeeinflußte Fortführung des Prozesses. Nahe läge vielmehr die Beendigung des schwebenden und die Einleitung eines neuen Verfahrens gegen den Nachfolger — in dem dieser dann uneingeschränkt Gehör beanspruchen könnte. Nicht zutreffend ist ferner die Prämisse, dem Nachfolger stünde kein Anspruch auf Gehör zu. Vielmehr erweist § 265 Abs. 2 Satz 2, daß er vollkommenes Gehör erlangen kann, wenn der Gegner zustimmt. Auch diese Vorschrift zeigt, daß die Lösung des Problems auf verfahrensrechtlicher Ebene zu suchen ist.

Ausgangspunkt hat somit § 325 zu sein, der für Parteien und Nachfolger unterschiedslose Rechtskraftwirkung anordnet. Demgemäß wird der Nachfolger durch die Entscheidung unmittelbar in seinen Rechten betroffen und hat daher grundsätzlich Anspruch auf Gehör. Da ihm

---

[3] Vgl. BVerfGE 21, 132 (138).
[4] Rechtliches Gehör S. 26 f.
[5] *Zeuner* Rechtliches Gehör S. 8 ff.

die §§ 265 Abs. 2 Satz 3, 67 eine ausreichende Einflußnahme auf das Verfahren und sein Ergebnis verwehren, stellt sich die Frage nach der Vereinbarkeit des § 265 Abs. 2 Satz 3 mit Art. 103 Abs. 1 GG.

Sie ist von *Pawlowski*[6] verneint worden. Er leugnet jede nachhaltige Beeinträchtigung der Interessen des Gegners durch die Teilnahme des Rechtsnachfolgers als streitgenössischen Nebenintervenienten und hält daher die Anwendung des § 69 anstelle des § 67 für verfassungsrechtlich geboten.

Dieses Argument kann jedoch schwerlich überzeugen, denn es verkennt Sinn und Zweck des § 265 Abs. 2, der ausschließlich der Gewährleistung des gegnerischen Rechtsschutzinteresses dient. Der Rechtsschutzanspruch des Gegners richtet sich unter anderem auf den Erlaß einer inhaltlich bestimmten, günstigen Entscheidung „seines" Verfahrens. Er kann daher Rechtsschutz vor seinem Kontrahenten, vor dem Veräußerer beanspruchen, kann — nach Maßgabe des Gesetzes — dessen Verurteilung oder die Abweisung seiner Klage verlangen. Der Sicherung dieses Anspruchs dient zunächst § 265 Abs. 2 Satz 1, wonach die Veräußerung keinen Einfluß auf den Prozeß hat. Ohne diese Bestimmung hätte der Veräußerer es in der Hand, sich nach Belieben seiner Sachlegitimation zu entziehen und auf diese Weise den Rechtsschutz des Gegners zu vereiteln.

Zwar nicht vereitelt, wohl aber bedeutend erschwert würde der Rechtsschutz, wenn sich die Position des Veräußerers durch den Eintritt eines streitgenössischen Nebenintervenienten verstärkte, denn dieser wäre gemäß § 69 in der Lage, entscheidenden Einfluß auf das Verfahren zu nehmen. § 265 Abs. 2 Satz 3 steht sonach im Widerstreit der Ansprüche auf Rechtsschutz einerseits und auf Gehör andererseits. Bei der Abwägung beider Rechte fällt entscheidend ins Gewicht, daß die Veräußerung des streitbefangenen Gegenstandes ausschließlich in der Willkür des Veräußerers steht. Wäre § 69 anwendbar, so stünde es in seinem Belieben, den Rechtsschutz seines Prozeßgegners entscheidend zu verkürzen, ohne daß dieser hierauf Einfluß nehmen könnte. Von geringerem Gewicht ist die in den §§ 265 Abs. 2, 67 vorgesehene Einschränkung der Rechte des Nachfolgers: er kann mit Zustimmung des Gegners uneingeschränktes Gehör finden; erst wenn diese versagt wird, hat er seine Anhörung nach der Prozeßführung des Veräußerers auszurichten und ist auch in diesem Fall nicht rechtlos gestellt. Es kommt hinzu, daß nach § 325 Abs. 2 nachteilige Wirkungen der Gehörbeschränkung dem Nachfolger nur drohen, wenn er die Rechtshängigkeit kannte oder kennen mußte, die Verkürzung seines Anspruchs auf Gehör also voraussehen konnte.

---

[6] JZ 1975, 684.

Die aus § 265 Abs. 2 Satz 3 folgende Einschränkung des Grundrechts auf Gehör rechtfertigt sich daher aus dem überwiegenden Rechtsschutzinteresse des Prozeßgegners. Die Vorschrift ist mit Art. 103 Abs. 1 GG vereinbar.

c) Die Streitverkündung

Der Zweck der Streitverkündung besteht darin, die Interventionswirkung des § 68 gegenüber einem Dritten eintreten zu lassen, von dem die streitverkündende Partei im Falle ihres Unterliegens einen Rückgriff befürchtet oder gegen den sie einen Anspruch zu haben glaubt.

Daneben vermittelt die Streitverkündung dem Dritten Kenntnis vom schwebenden Verfahren, so daß er regelmäßig erst durch die Streitverkündung in die Lage versetzt wird, dem Verfahren beizutreten und dort Gehör zu finden. In dieser Funktion dient die Streitverkündung ihrerseits der Verwirklichung rechtlichen Gehörs des „streitverkündeten" Dritten.

d) Die Beiladung

Dem Grundstz, an Verfahren, in denen die Rechtskraft eines Urteils über die Parteien hinaus gegen Dritte wirkt, diese Dritten zu beteiligen, hat die Zivilprozeßordnung auch in Statusverfahren Rechnung getragen. Gemäß § 640 e ist in Kindschaftssachen derjenige Elternteil, der nicht Partei des Rechtsstreits ist, unter Mitteilung der Klage zum Termin der mündlichen Verhandlung zu laden. Dasselbe gilt für das Kind, wenn die Mutter die Anerkennung der Vaterschaft angefochten hat. Der auf diese Weise Beigeladene ist, anders als im Verwaltungsprozeß nach §§ 65 ff. VwGO, nicht automatisch am Verfahren beteiligt, sondern hat durch entsprechende Erklärung der einen oder anderen Partei beizutreten als streitgenössischer Nebenintervenient, § 640 e Satz 3. Die Erlangung rechtlichen Gehörs in dem oben genannten Umfang wird dem Dritten somit durch die Beiladung gewährleistet[7].

C. Die Rechtsmittel

Kommt eine Entscheidung unter Versagung rechtlichen Gehörs zustande, so kann die betroffene Partei diesen Mangel grundsätzlich mit Rechtsmitteln geltend machen. In der Sanktionierung besteht ein erster Zusammenhang der Rechtsmittel mit dem Gehörgrundsatz[1].

---

[7] *Zeiss* § 32 I; *Brüggemann* JR 1969, 364.
[1] Zur Sanktion insbesondere: BVerfGE 5, 9 (10); 5, 22 (24); 22, 282 (286); 28, 88 (95); BGHZ 31, 43 (47); *Baur* AcP 153, 410; *Bettermann* ZZP 77, 48; *Brüggemann* JR 1969, 368; *Henckel* ZZP 77, 321 ff.; *Kurth* S. 194 ff.; *Zeuner* S. 1033.

80 Teil II: Gewährung und Gewährleistung durch die Zivilprozeßordnung

Dieser Aspekt soll unberücksichtigt bleiben, um den Umfang der Arbeit zu begrenzen. Die Untersuchung wird sich der weiteren Frage widmen, welche Besonderheiten bei der Gewährung des rechtlichen Gehörs im Rechtsmittelverfahren gelten.

1. Die Berufung

Die Motive zur Zivilprozeßordnung nennen als Zweck des Berufungsverfahrens die „Erneuerung und Wiederholung des Rechtsstreites vor einem anderen Richter"[2]. Daraus folgt die Regelung des § 525, daß der Rechtsstreit in den durch die Anträge bestimmten Grenzen von neuem verhandelt wird. Da das Berufungsgericht sich zudem gemäß § 523 nach den allgemeinen Vorschriften zu richten hat, bestehen jedenfalls im Grundsatz keine Abweichungen gegenüber dem Verfahren in erster Instanz, auch nicht in der Gewährleistung rechtlichen Gehörs.

Ausdrückliche Übereinstimmungen mit den Regelungen des erstinstanzlichen Verfahrens ergeben sich gemäß §§ 519 a, 520 Abs. 1: Die Zustellung der Berufungsschrift und der Berufungsbegründung sowie die Bekanntgabe des Termins zur mündlichen Verhandlung dienen in der beschriebenen[3] Weise dem Gehör. Die Gewährleistung durch die Einlassungsfrist sichert § 520 Abs. 2 durch Verweisung auf § 262[4]. Neue Tatsachen und Beweismittel können in der Berufungsinstanz von beiden Parteien zu Gehör gebracht werden, Novenrecht, § 529 Abs. 1. Die in § 529 Abs. 2 vorgesehenen, auf dem Konzentrationsprinzip beruhenden Ausnahmen sind, wie dargelegt wurde[5], mit dem Gehörgrundsatz vereinbar.

Auch für die Klageänderung gelten in der Berufung die Vorschriften des erstinstanzlichen Verfahrens, §§ 523, 264, 268 ff. Die als sachdienlich zugelassene Klageänderung stellt sich hier jedoch dem Beklagten als besondere Härte dar, denn er verliert gegen seinen Willen die untere Instanz. Die Rechtsprechung hat, nachdem sie zunächst dem Instanzverlust keine Bedeutung beimaß[6], entschieden[7], daß im Einzelfall die Sachdienlichkeit wenigstens dann verneint werden könne, wenn der neue Antrag in erheblichem Umfang auf solche Tatsachen gestützt werde, die in der Vorinstanz nicht oder nicht ausreichend erörtert worden

---
[2] *Hahn* S. 139 f.
[3] s. oben B 16.
[4] Zu dieser Vorschrift s. oben B 17.
[5] s. o. B 6.
[6] RG Seuff. Arch. Bd. 92 Nr. 104; RG Warn. Rspr. 1942 Nr. 52; BGHZ 1, 65 (72 f.).
[7] BGHZ 5, 373 (377); s. a. *Stein - Jonas - Schumann / Leipold* § 264 Anm. III; *Stein - Jonas - Grunsky* § 529 Anm. IV; *Nikisch* § 122 III 2.

seien, so daß der Verlust einer Instanz dem Beklagten nicht zugemutet werden könne. Gleichwohl handelt es sich hier nicht um ein Problem des rechtlichen Gehörs[8]. Dieser Grundsatz gewährt den Beteiligten Anspruch auf eine Gelegenheit, sich vor Erlaß einer Entscheidung zu dem ihr zugrunde liegenden Sachverhalt zu äußern. Damit wird Gehör in jeder Instanz vor der — potentiell rechtskräftigen — Entscheidung garantiert. Eine andere Frage ist es jedoch, ob ein Anspruch auf einen vollständigen Instanzenzug besteht, sie hat mit dem Gehörgrundsatz nichts zu tun. Er bestimmt — knapp formuliert — daß eine Äußerungsgelegenheit zu bieten ist, nicht aber, wie oft und wann[9].

Das Problem des Instanzverlustes stellt sich im übrigen gleichermaßen, wenn das Berufungsgericht eine Widerklage, § 529 Abs. 4, oder eine Aufrechnung, § 529 Abs. 5, gegen den Widerspruch des Gegners als sachdienlich zuläßt.

2. Die Revision

Da die Revision nach den §§ 549, 550 nur auf eine Gesetzesverletzung gestützt werden kann, erfolgt in dieser Instanz nur eine Nachprüfung der Rechtsanwendung im angefochtenen Urteil. Eine neue Tatsachenfeststellung findet grundsätzlich nicht statt, außer für Tatsachen, die die Rüge eines Verfahrensmangels begründen, §§ 561 Abs. 1 Satz 2, 554 Abs. 3 Nr. 3 b. Der Anspruch auf rechtliches Gehör richtet sich in dieser Instanz daher in erster Linie auf die Stellungnahme zu allen Rechtsfragen. Die allgemeinen Vorschriften für das erstinstanzliche Verfahren gelten gemäß § 557 auch in der Revisionsinstanz, so daß sie wie dort auch hier Gehör gewährleisten. Im Besonderen sind die Vorschriften der §§ 553 a Abs. 2, 555 zu nennen, die dem Gehör durch Zustellung der Revisionsschrift und der Revisionsbegründung, durch Bekanntgabe des Termins zur mündlichen Verhandlung sowie durch die Einlassungsfrist Rechnung tragen.

3. Die Beschwerde

Die Frage nach der Verwirklichung des Gehörs im Beschwerdeverfahren ist weitgehend identisch mit der Frage, ob dem Gegner des Beschwerdeführers rechtliches Gehör zu gewähren sei. Die Zivilprozeßordnung trifft eine differenzierte Regelung. Sie schreibt die Anhörung des Gegners vor im Verfahren der sofortigen Beschwerde gegen die Kostenentscheidung bei Erledigung des Streites in der Hauptsache, § 91 a Abs. 2, Satz 2[1], und bei Verurteilung aufgrund eines Anerkennt-

---
[8] So auch *Brüggemann* JR 1969, 368.
[9] *Maunz - Dürig* Art. 103 RZ 83; *Brüggemann* JR 1969, 368.
[1] Hierzu BVerfGE 17, 265 (268) und 34, 157 (159).

nisses[2], § 99 Abs. 2, Satz 2. Von diesen Sonderfällen abgesehen gilt die Regelung des § 573 Abs. 1, daß über die Beschwerde ohne mündliche Verhandlung entschieden werden kann, ergänzt durch § 573 Abs. 2, der dem Gericht die Befugnis gibt, die Abgabe einer schriftlichen Erklärung anzuordnen. Diese Anordnung ist jedoch nicht zwingend vorgeschrieben, sondern dem pflichtgemäßen Ermessen des Gerichtes überlassen. Nach dem Wortlaut des Gesetzes könnte ohne eine Stellungnahme des Gegners der iudex a quo der Beschwerde abhelfen, das Beschwerdegericht ihr stattgeben. Daß diese Regelung vom Gesetzgeber gewollt war, ergibt sich aus den Motiven zur Zivilprozeßordnung. Dort heißt es: „Die Bestimmung ..., daß im Verfahren auch diejenige Person gehört oder wenigstens zugezogen werden soll, welche an der Erledigung der Beschwerde ein demjenigen des Beschwerdeführers entgegengesetzes Interesse hat, geht zu weit und ist unter Umständen unausführbar, ..."[3].

Insoweit § 573 die Anhörung des Beschwerdegegners nicht zwingend vorschreibt, bleibt er hinter den Anforderungen des verfassungsrechtlichen Anspruchs auf Gehör zurück, denn dieser verbürgt jedem Beteiligten das Recht auf Stellungnahme vor einer Entscheidung, die seine Rechte berührt. Abweichend von § 573 Abs. 2 verlangt der verfassungsrechtliche Anspruch auf Gehör die Anhörung des Beschwerdegegners in jedem Fall dann, wenn der Beschwerde abgeholfen wird, die Entscheidung also zuungunsten des Gegners abgeändert werden soll. Zutreffend hat das Bundesverfassungsgericht entschieden, daß sich in diesen Fällen eine Pflicht zur mindestens schriftlichen Anhörung aus Art. 103 Abs. 1 GG unmittelbar ergebe[4] und diese Forderung in ständiger Rechtsprechung bestätigt[5]. In der Literatur hat sich kein Widerspruch erhoben[6]. Diese verfassungskonforme Auslegung des § 573 Abs. 2 ist, wie angedeutet, nur geboten, sofern der Gegner durch die ausstehende Entscheidung beschwert wird; die Verwerfung und die Zurückweisung der Beschwerde sind ohne Gehör des Beschwerdegegners zulässig.

Muß der Gegner gehört werden, so hat das Gericht zunächst für die Zustellung der Beschwerdeschrift und der Beschwerdebegründung Sorge zu tragen[7]. Auf diese Weise gewährt das Gericht dem Gegner die Gelegenheit zur Wahrnehmung des Gehörs und genügt damit seiner

---

[2] Hierzu BVerfGE 34, 344 (346).
[3] *Hahn* S. 376.
[4] BVerfGE 7, 95 (98).
[5] Zuletzt BVerfGE 36, 85 (87).
[6] *Stein - Jonas - Grunsky* § 573 Anm. I 1; *Baumbach - Lauterbach* § 573 Anm. 2 C; *Zöller - Karch* § 573 Anm. 2 a; *Thomas - Putzo* § 573 Anm. 2; *Blomeyer* § 16 II 4; *Kurth* S. 163 ff.; *Röhl* NJW 1964, 273; *Schultz* MDR 1959, 175.
[7] Vgl. *Zeuner* S. 1030 f.

Pflicht aus Art. 103 Abs. 1 GG. Wege und Mittel der Gehörgewährung bleiben dem Gericht überlassen, denn sie sind nicht Gegenstand der verfassungsrechtlichen Gewährleistung. Dies verkennt das Bundesverfassungsgericht[8], wenn es die Forderung aufstellt, das Gericht habe, sofern nicht förmlich zugestellt werde, die Zustellung durch Beifügen einer rückgabepflichtigen Empfangsbescheinigung zu überwachen; eine formlose Übersendung genüge dem Art. 103 Abs. 1 GG nicht.

Unter den weiteren Vorschriften des Beschwerdeverfahrens ist § 570 hervorzuheben. Neue Tatsachen und Beweismittel können die Beschwerde stützen und werden damit einer Anhörung zugänglich. Da die Vorschrift allein den Beschwerdeführer berechtigt, ist auch in diesem Fall durch Art. 103 Abs. 1 GG die Benachteiligung des Gegners auszugleichen und ihm ebenfalls der Vortrag neuer Tatsachen und Beweismittel zu gestatten. In dieser Funktion, beiden Parteien gleiches Gehör zu sichern, stimmt der Grundsatz rechtlichen Gehörs wiederum mit dem der Waffengleichheit überein.

D. Die Nichtigkeitsklage gegen ein Schiedsurteil

In Bagatellstreitigkeiten wahrt § 510 c das Verhältnis zwischen Aufwand und Kosten des Verfahrens und einem Streitgegenstand, dessen Wert DM 50 nicht übersteigt[1]. In diesem sogenannten Schiedsurteilsverfahren bestimmt das Amtsgericht gemäß § 510 c Abs. 1 sein Verfahren nach freiem Ermessen. Die Vereinfachung des Prozesses versteht die Praxis vor allem dahin, daß eine mündliche Verhandlung nicht erforderlich ist und daß gegen eine ausgebliebene Partei kein Versäumnisurteil erlassen werden muß[2]. Den schnellen Abschluß des Verfahrens regelt § 510 c Abs. 4; das Schiedsurteil ist mit Verkündung oder Zustellung rechtskräftig.

Die Regelung des § 510 c Abs. 1 legt die Frage nahe, ob das Gericht auch über die Gewährung rechtlichen Gehörs nach freiem Ermessen bestimmen kann, ob das Schiedsurteilsverfahren mit Art. 103 Abs. 1 GG vereinbar ist. Aufschluß gibt § 579 Abs. 3: Gegen ein Schiedsurteil findet die Nichtigkeitsklage statt, wenn der Partei in dem Verfahren kein Gehör gewährt worden ist. Diese Vorschrift macht hinreichend

---

[8] BVerfGE 36, 85 (88) m. kritischer Anm. *Scheld*, RPfleger 1974, 212.
[1] Nach Ansicht des AG Wuppertal MDR 1972, 877 liegt ein Redaktionsversehen des Gesetzgebers bei der Neufassung des § 511 a vor, da eine Rechtsschutzlücke bestehe für Streitwerte zwischen DM 50 und DM 200. Deshalb sei § 579 Abs. 3 analog auf Verfahren mit den genannten Streitwerten anzuwenden. Zustimmend *Stein - Jonas - Grunsky* § 579 Anm. II 5.
[2] *Stein - Jonas - Schumann / Leipold* § 510 c Anm. I 1; *Baumbach - Lauterbach* § 510 c Anm. 3 B, C.

deutlich, daß auch im Schiedsurteilsverfahren das Gericht an den Grundsatz rechtlichen Gehörs gebunden ist[3].

Darüber hinaus stellt § 579 Abs. 3 der Durchsetzung des zu Unrecht versagten Gehörs einen besonderen Rechtsbehelf zur Verfügung. Die Nichtigkeitsklage führt zur Aufhebung des Schiedsurteils durch das Amtsgericht, vor dem dann erneut über die Hauptsache verhandelt wird, §§ 584 Abs. 1, 590 Abs. 1. Gemäß § 590 Abs. 2 kann die Verhandlung über die Wiederaufnahme mit derjenigen zur Hauptsache verbunden werden. Für beide Verfahren gelten nach richtiger Deutung des § 585 die allgemeinen Vorschriften. Damit ist den Parteien eine nachträgliche Gelegenheit zur Wahrnehmung des Gehörs geboten.

Die Vorschrift des § 579 Abs. 3, in der die Zivilprozeßordnung ausnahmsweise das „rechtliche Gehör" nennt, bestätigt dem Gehörgrundsatz zugleich den Rang eines verfahrensrechtlichen Mindesterfordernisses, da sie für die Nichtbeachtung anderer Verfahrensgrundsätze keine Wiederaufnahme vorsieht[4].

E. Das Mahnverfahren

Der Gläubiger wird seine Ansprüche immer dann im Mahnverfahren durchsetzen, wenn er ein Bestreiten durch den Schuldner nicht erwartet. Zu den entsprechenden Vereinfachungen des Mahnverfahrens gegenüber dem ordentlichen Verfahren zählt es, daß der Schuldner von dem Gesuch auf Erlaß eines Zahlungsbefehls keine Kenntnis erhält, § 702. Er wird ebenfalls nicht gehört bei der anschließenden Prüfung des Gesuchs hinsichtlich der allgemeinen Prozeßvoraussetzungen, der besonderen Voraussetzungen des Mahnverfahrens und der Schlüssigkeit. Erst die amtswegige Zustellung des Zahlungsbefehls informiert den Schuldner über das gegen ihn eingeleitete Verfahren. Gemäß § 692 enthält der Zahlungsbefehl die Anweisung, den Gläubiger zu befriedigen oder Widerspruch bei Gericht zu erheben. Dem Schuldner wird damit rechtliches Gehör angeboten. Er kann dieses Angebot ausschlagen und den Anspruch erfüllen. Glaubt er jedoch, Einwendungen geltend machen zu können, so hat er die Möglichkeit, Gehör durch Widerspruch zu finden, solange nicht der Vollstreckungsbefehl verfügt ist, § 694 Abs. 1.

Der Widerspruch führt das Mahnverfahren in ein ordentliches: Das Gericht hat gemäß § 694 Abs. 2 den Gläubiger zu benachrichtigen und auf Antrag nach § 696 Abs. 1 Satz 1 einen Termin zur mündlichen Ver-

---

[3] *Stein - Jonas - Schumann / Leipold* § 510 c Anm. IV 4 a; *Blomeyer* § 58 III 2; *Rosenberg - Schwab* § 112 II 5.

[4] *Baur* AcP 153, 401; *Henckel* ZZP 77, 368.

handlung anzuberaumen. Im Rahmen dieser Verhandlung kann der beklagte Schuldner uneingeschränkt Gehör finden. Da diese Anhörung rechtzeitig vor der Vollstreckung erfolgt, widerspricht die Beschleunigung des Mahnverfahrens zu Lasten einer frühzeitigen Beteiligung des Schuldners nicht dem Grundsatz des Gehörs[1].

Hat der Schuldner innerhalb der Frist des § 692 weder den Anspruch erfüllt noch Widerspruch erhoben, so ist ihm jedenfalls die Gelegenheit zur Stellungnahme gewährt worden und der Zahlungsbefehl kann im Einklang mit dem Grundsatz des Gehörs nach § 699 Abs. 1 für vollstreckbar erklärt werden.

Der Vollstreckungsbefehl steht gemäß § 700 Satz 1 einem für vorläufig vollstreckbar erklärten, auf Versäumnis erlassenen Endurteil gleich, der Schuldner kann daher Einspruch erheben, § 700 Satz 2. Der Einspruch bewirkt den Übergang in das ordentliche Verfahren, so daß dem Betroffenen vor der Vollstreckung eine weitere Gelegenheit geboten wird, Gehör zu finden. Widerspruch und Einspruch sind also die Mittel, mit denen sich der Schuldner das notwendige Gehör verschaffen kann.

F. Arrest und einstweilige Verfügung

Sie ermöglichen dem Rechtsinhaber durch ein abgekürztes Erkenntnisverfahren die vorläufige Sicherung seiner Rechte. Die Zivilprozeßordnung setzt in den §§ 917 Abs. 1, 935 für beide Verfahren voraus, daß ohne sie die Vollstreckung oder Rechtsverwirklichung vereitelt oder wesentlich erschwert würde. Damit wird zugleich auf die Dringlichkeit dieser Maßnahmen hingewiesen. Beide Verfahren dienen insoweit der Gewährleistung des Rechtsschutzanspruches des Gläubigers.

Diesem Zweck trägt das Gesetz Rechnung durch § 921 Abs. 1, der die Anhörung des Schuldners in das Ermessen des Gerichts stellt. Er steht also im Widerstreit zwischen den Ansprüchen auf Rechtsschutz und Gehör. Im Rahmen der gebotenen Abwägung wirkt sich entscheidend aus, daß in beiden Verfahren der Gläubiger sein Recht verliert oder doch nicht durchsetzen kann, wenn ihm nicht die Möglichkeit des sofortigen Zugriffs und der Überraschung des Schuldners geboten wird. Sowohl sofortiger Zugriff als auch Überraschung würden jedoch vereitelt durch eine vorgängige Benachrichtigung oder gar Mitwirkung des Schuldners. Seine Anhörung könnte dem Gläubiger jeden Rechtsschutz entziehen. Wäre vorgängiges Gehör des Schuldners obligatorisch, so wäre es daher geeignet, jedwede — und damit auch gerechte — Entscheidung des Rechtsstreits zu verhindern. Der Anspruch auf Gehör hat in diesem

---

[1] *Stein - Jonas - Pohle* Vorbem. IX 2 e vor § 128; *Blomeyer* § 16 III; *Kurth* S. 117, 205; *Prager* AcP 133, 177; *Röhl* NJW 1953, 1533.

Falle hinter die Rechtsschutzinteressen des Gläubigers zurückzutreten. § 921 Abs. 1 verstößt daher nicht gegen Art. 103 Abs. 1 GG[1].

Der auf diese Weise vom Gehör ausgeschlossene Schuldner erhält jedoch nachträglich Gelegenheit, sich gegen die angeordneten Maßnahmen zu wehren. Legt er gemäß § 924 Widerspruch gegen den Arrestbeschluß ein, so hat das Arrestgericht vom Amts wegen einen Termin zur mündlichen Verhandlung anzuberaumen, § 924 Abs. 2 Satz 2. Gleiches gilt nach §§ 936, 924 für das Verfahren der einstweiligen Verfügung.

Die mündliche Verhandlung gewährleistet dem Betroffenen vollkommenes rechtliches Gehör im Streit um die Berechtigung der vorläufigen Maßnahme, so daß vor einer endgültigen Entscheidung seine Rechte gewahrt bleiben. Auch hier erweist sich der Widerspruch als Mittel zur Erlangung des Gehörs[2]. Da er zugleich das einzige Mittel darstellt, ist er Bestandteil des Kernbereichs des Art. 103 Abs. 1 GG und der Disposition des Gesetzgebers entzogen.

---

[1] Im Ergebnis ebenso: BVerfGE 9, 89 (98): *Maunz - Dürig* Art. 103 RZ 46; *Stein - Jonas - Pohle* Vorbem. IX 2 c vor § 128; *Thomas - Putzo* Einl. I 4 c; *Blomeyer* § 16 III 1; *Bernhardt* § 23 IV; *Grunsky* § 25 III 1; *Rosenberg - Schwab* § 85 VI; *Schönke - Kuchinke* § 8 III 2; *Baur* AcP 153, 404 f.; *Brüggemann* JR 1969, 369; *Kurth* S. 173, 205; *Lesser* DRiZ 1960, 421; *Prager* AcP 133, 177; *Röhl* NJW 1953, 1533, NJW 1958, 1271; *Zeuner* S. 1033.

[2] *Bettermann* DVBl 1971, 822 (Anm. zu BVerfGE 31, 87 ff.); ZZP 88, 426, 428.

Teil III

Zusammenfassung

A. Die Zivilprozeßordnung gewährt rechtliches Gehör in einer vielfältig abgestuften Weise. Unter denjenigen Vorschriften, die der Realisierung des Gehörs dienen, bilden einige zugleich Grundsätze des Verfahrens. Der Grundsatz der Waffengleichheit garantiert nicht nur gleiches Anhörungsrecht für beide Parteien, sondern vor allem die Gegenseitigkeit des rechtlichen Gehörs: audiatur et altera pars. Beruhend auf der Struktur des streitigen Verfahrens geht der Grundsatz kontradiktorischer Verhandlung davon aus, daß durch das Vorbringen beider Parteien die tatsächlichen Entscheidungsgrundlagen gewonnen werden. Aufgrund seiner kontradiktorischen Form ist der Zivilprozeß geradezu darauf angelegt, Gehör zu gewährleisten. Diese Funktion wird durch den Verhandlungsgrundsatz in der Weise verstärkt, daß den Parteien nicht nur die Möglichkeit zur Stoffsammlung eingeräumt, sondern für diesen Bereich auch die Verantwortung übertragen wird. Vollkommene Gewähr bietet der Mündlichkeitsgrundsatz durch die Selbstverständlichkeit, mit der die Parteien sich in mündlicher Verhandlung Gehör verschaffen können.

Die Ausnahmen dieser Prinzipien sind nicht zugleich Ausnahmen vom Gehörgrundsatz. Im schriftlichen Verfahren, vor Versäumnisurteilen und im Bereich des Untersuchungsgrundsatzes (§ 622 Abs. 1) wird rechtliches Gehör in hinreichendem Maße gewährt.

Unter den weiteren Bestimmungen sichert der Einheitsgrundsatz das Gehör in seinem zeitlichen Umfang. Die entsprechende Ausnahme, der Konzentrationsgrundsatz, steht jedoch nicht im Widerspruch zu Art. 103 Abs. 1 GG. Einen zeitlichen Aspekt enthält auch die erneute Gelegenheit zur Anhörung nach einer Wiedereröffnung der Verhandlung. Zustellungen und die sog. Parteiöffentlichkeit sichern die Kenntnis des Verfahrens und seiner Grundlagen und schaffen damit eine notwendige Voraussetzung für die Wahrnehmung des Gehörs. Durch den Anwaltszwang, durch Fristen und Wiedereinsetzung sowie durch § 370 Abs. 1 kann die Qualität der Stellungnahmen verbessert und damit das Recht auf Gehör effektiver genutzt werden. Schließlich verpflichtet § 139 den Vorsitzenden zur Hilfestellung bei der Ausübung des Gehörs. Zu weit allerdings führt die Ansicht, das Gericht sei zu einem sog. Rechtsgespräch mit den Parteien verpflichtet. Nicht in Zusammenhang mit dem rechtlichen Gehör stehen die Vorschriften über die Anordnung des persönlichen Erscheinens, die Klageänderung und die Klagerücknahme und die Gewährung des Armenrechts. Mit einer Ausnahme gilt dies auch für § 118 a Abs. 1 Satz 2.

Ausnahmen vom Gehörgrundsatz scheinen § 157, das Schiedsurteils- und das Mahnverfahren zu enthalten. Gemäß § 157 bleibt jedoch die Anhörung durch Vermittlung eines Rechtsanwaltes unbenommen. Obwohl der Wortlaut des § 510 c Abs. 1 das Gegenteil vermuten läßt, hat das Gericht auch im Schiedsurteilsverfahren Gehör zu gewähren. Verletzt es diese Pflicht, so hilft dem Betroffenen die Nichtigkeitsklage gemäß § 579 Abs. 3. Im Mahnverfahren wird dem Schuldner zwar nicht von Anbeginn, aber dennoch rechtzeitig Gelegenheit zur Stellungnahme geboten. Er kann sich durch Widerspruch und Einspruch Gehör verschaffen.

B. Im Verhältnis zu Art. 103 Abs. 1 GG ergibt sich, daß die Zivilprozeßordnung ganz überwiegend der verfassungsrechtlichen Gewährleistung des Anspruches auf Gehör genügt.

I. In den Fällen unverschuldeter Säumnis bietet der Einspruch, bei Arrest und einstweiliger Verfügung in Beschlußform der Widerspruch die einzige Möglichkeit, Gehör zu finden. § 338 und § 924 sind daher dem grundrechtlichen Kernbereich zuzurechnen und dem Eingriff des Gesetzgebers entzogen.

II. 1. Als verfassungswidrig erweist sich lediglich § 48 Abs. 2, der die Anhörung der Partei im Verfahren der Selbstablehnung eines Richters ausschließt. Hier wie auch in den Fällen der §§ 545, 554 a folgt die Pflicht zur Gehörgewährung unmittelbar aus Art. 103 Abs. 1 GG.

2. Das Grundrecht ist als Auslegungsregel und Ermessensgrenze heranzuziehen in einzelnen Fällen der Fristkürzung und Vertagung. In gleicher Weise ist § 573 Abs. 2 verfassungskonform dahin auszulegen, daß der Beschwerdegegner (mindestens) schriftlich zu hören ist, wenn der Beschwerde abgeholfen werden soll.

III. Ausnahmen vom rechtlichen Gehör stellen allein Arrest und einstweilige Verfügung, wenn sie ohne mündliche Verhandlung ergehen, sowie die öffentliche Zustellung dar. Die einstweiligen Maßnahmen im Arrestverfahren und bei einstweiliger Verfügung können ohne vergängiges Gehör des Schuldners erlassen werden. Er kann jedoch vor einer endgültigen Entscheidung erster Instanz durch Widerspruch Gehör erlangen. Eine andere Situation ergibt sich bei öffentlicher Zustellung. Hier wird in der Regel eine endgültige Entscheidung ohne Gehör des Beklagten ergehen, denn die ihm zur Seite stehenden Rechtsbehelfe sind nur innerhalb bestimmter Fristen zulässig. Die unbedingte Durchsetzung des Gehörs würde in beiden Fällen den Rechtsschutzanspruch des Klägers oder Gläubigers verkürzen. Daher hat der Anspruch auf Gehör vorläufig zurückzustehen bei Arrest und einstweiliger Verfügung. Ein endgültiger Verzicht auf die Anhörung ist in Kauf zu nehmen bei der öffentlichen Zustellung; er rechtfertigt sich zusätzlich dadurch, daß der Beklagte seine Obliegenheiten verletzte, für den Rechtsverkehr erreichbar zu bleiben.

Literaturverzeichnis

Arndt, Adolf: Das rechtliche Gehör, NJW 1959, 6.
— Die Verfassungsbeschwerde wegen Verletzung des rechtlichen Gehörs, NJW 1959, 1297.
— Eröffnungsbeschluß, rechtliches Gehör und Menschenrechtskonvention, NJW 1960, 1191.
— Fragen des rechtlichen Gehörs, NJW 1962, 25.

Baumann: Grundbegriffe und Verfahrensprinzipien des Zivilprozeßrechts, Stuttgart—Berlin—Köln—Mainz 1970.

Baumbach - Lauterbach - Albers - Hartmann: Zivilprozeßordnung mit Gerichtsverfassungsgesetz und anderen Nebengesetzen, 34. Aufl. München 1976.

Baur, Fritz: Der Anspruch auf rechtliches Gehör, AcP 153 (1954), 393.

Bernhardt, Wolfgang: Das Zivilprozeßrecht, 3. Aufl. Berlin 1968.

Bettermann: Die Unabhängigkeit der Gerichte und der gesetzliche Richter, in: Die Grundrechte, Berlin 1959, Band III 2, S. 523.
— Der Schutz der Grundrechte in der ordentlichen Gerichtsbarkeit, in: Die Grundrechte, Berlin 1959, Band III 2, S. 779.
— Difformitätsprinzip und neuer Beschwerdegrund, ZZP 77 (1964), 3.
— Der Rechtsschutz des Armenanwalts im Nachzahlungsverfahren, NJW 1964, 1004.
— Der gesetzliche Richter in der Rechtsprechung des Bundesverfassungsgerichts, AöR 94 (1969), 263.
— Verfassungsrechtliche Grundlagen und Grundsätze des Prozesses, Österreichische Juristische Blätter, 1972, 57.
— Anfechtung und Kassation, ZZP 88 (1975), 365.

Blomeyer, Arwed: Zivilprozeßrecht, Berlin—Göttingen—Heidelberg 1963.
— Der Rechtsschutzanspruch im Zivilprozeß, Festschrift für Eduard Bötticher, Berlin 1969, S. 61.

Bötticher: Die Gleichheit vor dem Richter, Hamburger Universitätsreden, Band 16, 2. Aufl. 1961.

Brüggemann: Rechtliches Gehör im Zivilprozeß, JR 1969, 361.

Bruns: Zivilprozeßrecht, Berlin und Frankfurt 1968.

Dahs, Hans jr.: Rechtsgespräch im Strafverfahren, NJW 1961, 1244.
— Das rechtliche Gehör im Strafverfahren, München und Berlin 1965.

Dütz: Rechtsstaatlicher Gerichtsschutz im Privatrecht, Bad Homburg—Berlin—Zürich 1970.

Endemann, Wolfgang: Tendenzen in der Rechtsprechung des Bundesverfassungsgerichts zum rechtlichen Gehör, NJW 1969, 1197.

Goldschmidt: Zivilprozeßrecht, 2. Aufl. Berlin 1932.

Grunsky: Grundlagen des Verfahrensrechts, 2. Aufl. Bielefeld 1974.

Hahn: Die gesammten Materialien zu den Reichs-Justizgesetzen. Zweiter Band: Die gesammten Materialien zur Civilprozeßordnung und dem Einführungsgesetz zu derselben vom 30. Januar 1877, Erste Abteilung, Berlin 1880.

Hamann: Rechtliches Gehör, AnwBl 1958, 141.

Hellwig: System des deutschen Zivilprozesses, Leipzig 1912.

Henckel: Sanktionen bei Verletzung des Anspruchs auf rechtliches Gehör, ZZP 77 (1964), 321.

Jagusch: Über das rechtliche Gehör im Strafverfahren, NJW 1959, 265.

— Weitere Fragen zum rechtlichen Gehör im Strafverfahren, NJW 1962, 1645.

Kip: Das sogenannte Mündlichkeitsprinzip, herausgegeben von Fritz von Hippel, Köln—Berlin 1952.

Kleinfeller: Lehrbuch des Deutschen Zivilprozeßrechts, 3. Aufl. Berlin 1925.

Kolb: Das rechtliche Gehör als verfassungsmäßiges Recht, Diss. München 1963.

Kollhosser: Zur Stellung und zum Begriff der Verfahrensbeteiligten im Erkenntnisverfahren der freiwilligen Gerichtsbarkeit, München 1970.

Kurth: Das rechtliche Gehör im Verfahren nach der Zivilprozeßordnung, Diss. Bonn 1965.

Laufs: Gehör zu Rechtsfragen im Zivilprozeß, JR 1967, 180.

Lent - Jauernig: Zivilprozeßrecht, 17. Aufl. München 1974.

Lepa: Rechtsgespräch im Zivilprozeß, DRiZ 1969, 5.

Lerche: Zum Anspruch auf rechtliches Gehör, ZZP 78 (1965), 1.

Lesser: Anspruch auf rechtliches Gehör, DRiZ 1960, 420.

Löwe: Das Rechtliche Gehör, Diss. Hamburg 1957.

Maunz - Dürig - Herzog: Grundgesetz, 3. Aufl. München 1971 ff.

Münzberg: Die Wirkungen des Einspruchs im Versäumnisverfahren, Bielefeld 1959.

Nikisch: Zivilprozeßrecht, 2. Aufl. Tübingen 1952.

Pawlowski: Probleme des rechtlichen Gehörs bei der Veräußerung einer Streitsache, JZ 1975, 681.

Planck: Lehrbuch des Deutschen Civilprozessrechts. Erster Band Nördlingen 1887, Zweiter Band München 1896.

Prager: Das beiderseitige Gehör im Zivilprozeß, AcP 133 (1931), 143.

Röhl: Das rechtliche Gehör, NJW 1953, 1531.

— Das rechtliche Gehör, NJW 1958, 1268.

— Das rechtliche Gehör, NJW 1964, 273.

Rosenberg: Die Veränderung des rechtlichen Gesichtspunktes im Zivilprozesse, ZZP 49 (1925), 38.

— Zivilprozeßrecht, 9. Aufl. München und Berlin 1961.

Rosenberg - Schwab: Zivilprozeßrecht, 11. Aufl. München 1974.

Scheld: Art. 103 Abs. 1 GG und das Verfahrensrecht zur Gewährung des rechtlichen Gehörs, RPfleger 1974, 212.

Schmidt, Richard: Lehrbuch des deutschen Zivilprozessrechts, 2. Aufl. Leipzig 1910.

Schneider, Egon: Die richterliche Aufklärungspflicht (§ 139 ZPO), MDR 1968, 721.

Schönke - Kuchinke: Zivilprozeßrecht, 9. Aufl. Karlsruhe 1969.

Schultz, Günther: Blick in die Zeit, MDR 1959, 174.

Siegert: Allgemein anerkannte und regionale Grundsätze im Zivilprozeßrecht, AcP 155 (1956), 28.

Stehmann: Zum rechtlichen Gehör in der Zwangsvollstreckung, Diss. Gießen 1973.

Stein: Das private Wissen des Richters, Leipzig 1893.

— Grundriß des Zivilprozeßrechts und des Konkursrechts, 3. Aufl. Tübingen 1928.

Stein - Jonas - Schönke - Pohle: Kommentar zur Zivilprozeßordnung, 18. Aufl. Tübingen 1953.

Stein - Jonas: Kommentar zur Zivilprozeßordnung, 19. Aufl. Band I, II Tübingen 1972, Band III im Erscheinen.

Thomas - Putzo: Zivilprozeßordnung mit Gerichtsverfassungsgesetz und den Einführungsgesetzen, 8. Aufl. München 1975.

Ule: Verfassungsrecht und Verwaltungsprozeßrecht, DVBl. 1959, 537.

Walchshöfer: Die Berücksichtigung nachgereichter Schriftsätze im Zivilprozeß, NJW 1972, 1028.

Wieczorek: Zivilprozeßordnung und Nebengesetze, Berlin, Band I - VI 1957/8, Band VII 1963.

von Winterfeld: Das Verfassungsprinzip des rechtlichen Gehörs, NJW 1961, 849.

Zeiss: Zivilprozeßrecht, Tübingen 1971.

Zeuner: Der Anspruch auf rechtliches Gehör, Festschrift für Hans Carl Nipperdey, München und Berlin 1965, Band I, S. 1013.

— Rechtliches Gehör, materielles Recht und Urteilswirkungen, Karlsruhe 1974.

Zöller: Zivilprozeßordnung mit Gerichtsverfassungsgesetz und Nebengesetzen, 11. Aufl. München 1974.

Printed by Libri Plureos GmbH
in Hamburg, Germany